U0016668

一本讀懂

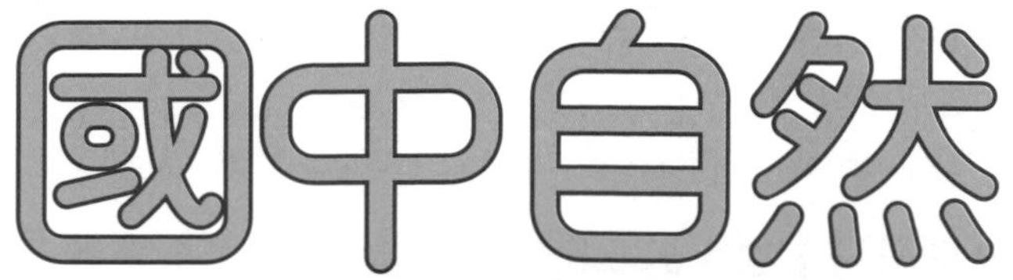

知道為什麼？之後，就永遠記得答案！

物理×化學×地科×生物

92個精闢提問與詳解

StudySapuri補教講師
佐川大三
著
陳朕疆
譯

前言

了解原理後，就能快樂學習、牢記內容！

首先，十分感謝您拿起本書閱讀。

這本書從最根本的原理，來講解國中自然領域中的物理、化學、地球科學、生物的相關知識。國中自然需學習這四個科目的學問，學生卻容易對不同單元的喜好產生差異，譬如「喜歡這個單元，討厭那個單元」。

之所以會討厭特定單元，很可能是因為學生在學習時「沒有完全理解，只是把內容死背下來」。若用這種方式學習，隨著時間的經過，學過的內容往往逐漸忘記，學生也無法體會到學習自然科學的樂趣。事實上，在我教過的學生中，就有不少孩子因為「準備定期考試時拼命死背了內容，過了一陣子卻全部忘光」而感到苦惱。

近年高中入學考試的自然科題目中，許多題目無法僅靠死背的內容解題，而是會詢問科學現象的原因，譬如「為什麼會發生這樣的現象？」等，**這種問題就不能靠「死背」來應對**。

學習自然科最好的方式，是「理解原理，再將它連結到實際發生的現象」。

舉例來說，**「天氣寒冷時，吐出的空氣會形成白煙」→「因為吐出的空氣中的水蒸氣產生了狀態變化，轉變成了水滴」→「吐出的空氣中含有大量水蒸氣」→「吐出的空氣之所以含有大**

量水蒸氣，是因為體內的呼吸作用會產生新的水」。這就是理想的理解過程。

在這種學習方式下，即使經過很長一段時間，學過的事物仍會一直保留在記憶中，還能與其他單元產生許多連結，所以學生能更有效率、更輕鬆愉快的學習。

在這本書中，會根據國中自然的內容，以問答形式，針對日常所見的事物提出「為什麼會發生這種現象？」這樣的問題。接著不僅會解答問題，還會再延伸提到其他相關的現象或法則。

國中自然的四個科目，並非各自獨立，而是息息相關。愈是深入學習各科目，就愈能明白各科目之間的關係。

本書的編寫，在學習自然科學的四個科目時，不但解釋了某個現象的原理，也會連結與這個原理有關的其他現象。所以只要閱讀本書，就能**感受到各個科目之間的連結，留下深刻的記憶**。

對於日常生活中某些看似理所當然的現象，當理解到「原理是這個樣子啊！」的話，不只對於國中生，從小孩到大人都會有種恍然大悟的暢快感覺，進而激發出更大的好奇心。

若在看過本書之後，能讓您理解到自然科學愈是深入就愈是奧妙，是個十分有趣的學問的話，那就太棒了。

《一本讀懂國中自然》的五大特色

第一 **不是靠死背，而是理解科學的本質！**

近年來的入學考試中，要求「準確回答出背誦下來的知識」的題目愈來愈少；相對的，**需回答「為什麼是這樣？＝原因」的問題**則逐漸增加。過去只要靠死背專有名詞就能獲得高分的科目，也逐漸開始要求學生**獨立思考的能力**。

本書會用問答的形式，讓讀者輕鬆學習試題中常出現的內容。透過書中的圖文說明，你能夠**理解知識的本質，而不僅僅是死記專有名詞**。

累計銷售量突破150萬冊的「一本讀懂」系列中，《一本讀懂國中三年理科》內容涵蓋了教科書提到的廣大範圍。相較而言，本書精心挑選了定期考試、日本公立高中入學考試中常出現的重點題目。**近年來，非選題的比例逐漸增加，本書也可讓學生提升回答這類題目的能力**。

第二 **以周遭可見的事物做為題材，所以容易想像！**

「為什麼放大鏡可以讓物體看起來變大？」、「紅酒加熱後冒出的蒸氣，在冷卻後會變成什麼顏色的液體？」、「為什麼濕度高的日子，衣物很難晾乾？」、「為什麼米飯愈嚼愈甜？」等，**本書蒐集了許多以生活周遭為題材的問題**。

因此，**讀者較容易想像問題的樣貌，知道答案時，理解程度也更高**。

第三 將重要事項濃縮整理成重點！

有些本質性的內容，光靠死背是無法理解的……雖說如此，**要學習基礎知識，仍需要一定程度的記憶**。而在本書中，不只會列出「問題」與「答案」，也會進一步列出相關重要事項與說明。

書中有大量圖表與插圖，將一定要記住的重要事項濃縮匯整。**只要在定期考試前複習過一遍，就能大幅提高分數**。

第四 列出考試中常出現的實驗．觀察重點！

主內容之後，也從物理、化學、地球科學、生物四科中整理出各10篇，易出現在**入學考試或定期考試中的「實驗・觀察」重點**。

實驗・觀察的注意事項與操作方法容易混淆，所以請由這些篇幅確認**「實驗・觀察的步驟為何？」、「注意事項有哪些？」、「由這些實驗・觀察可以知道什麼？」**吧。

第五 書末有可做為詞彙表的「名詞解釋索引」！

書末還有**「名詞解釋索引」**，列出了本書中提到的重要名詞以及其意義。

如果在閱讀本書時想知道這些名詞的意義，或者是在考試前想測試自己的理解程度的話，不妨妥善運用這份索引。

本書的使用方式

問題頁

表示這是哪個科目的第幾個問題。

以周遭事物做為題材的問題。可試著自己思考、回答看看。

輕鬆的插圖幫助連結生活情境

問題
02
物理
為什麼我們看得到鏡中的自己？
就算動得再快也可映照出來……
揮動
揮動
15

答案

因為自己身上發出的光，經鏡子反射後再回到眼睛。

解說

將物體放在鏡前，以鏡面為對稱面，物體的像會出現在對應位置。**像與實際物體的大小相同，方向左右相反**。這是因為我們身上發出的光，經鏡面反射到我們眼中的關係。反射過程符合反射定律。

光的反射：光照射到鏡子等物體後反彈回來的性質。
光的反射定律：即「入射角＝反射角」。

法線
入射光
入射角
反射角
反射光
鏡

入射角為入射光與垂直於鏡面的線（法線）所夾角度。反射角為反射光與法線所夾角度。

鏡中物體的像：以鏡面為對稱面，鏡中的對應位置會形成與實際物體大小相同的像。

像的作圖1

欲讓全身入鏡，需要的鏡子大小
實物
像
※像與實物大小相同，位於鏡面另一側的對稱位置。

像的作圖2

由B發出的光經過反射後抵達A。
B（B的像）
鏡
B實物
A

16 若要在鏡中看到自己的全身，鏡子最少要有自己身高的一半。

解答頁

4

解說前頁問題的答案。若能如此應答，就不用再害怕簡答題了。

與解說文字相關的重要事項。與「答案」對照確認後，可提高理解程度。

額外補充的知識與重點。

實驗精華整理

1

表示這是哪個領域的實驗・觀察。

2

實驗・觀察的主題。

3

說明實驗・觀察的步驟，並附圖做為參照。

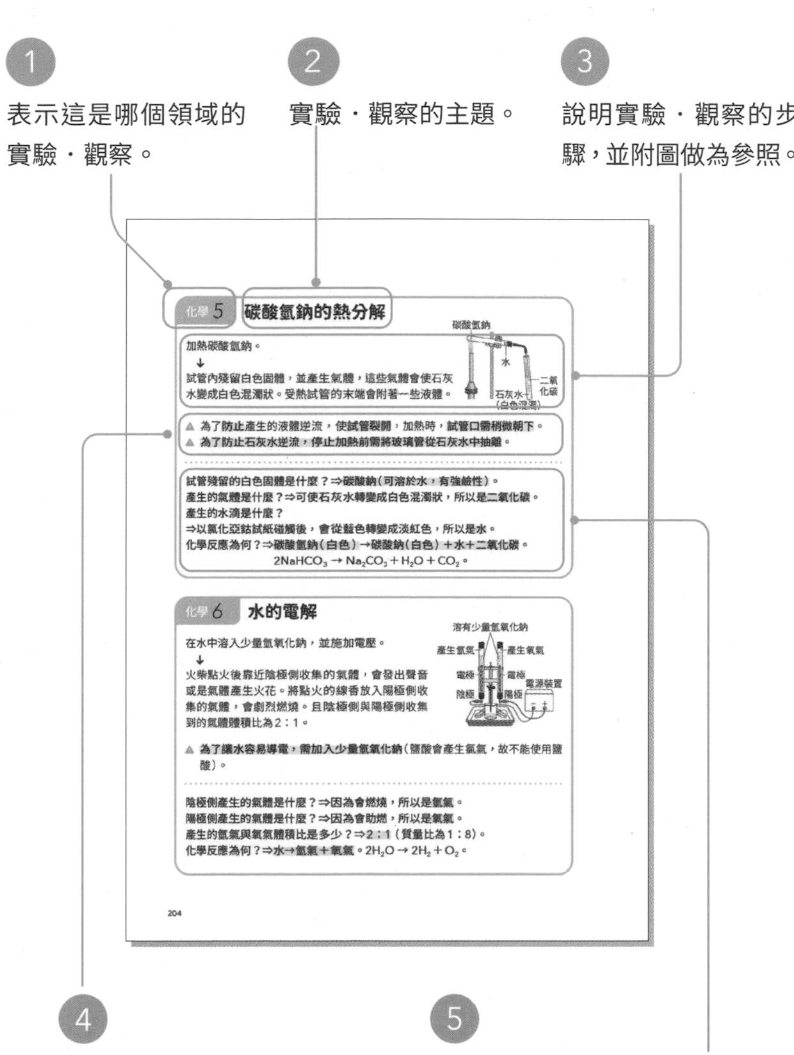

化學 5 **碳酸氫鈉的熱分解**

加熱碳酸氫鈉。

↓

試管內殘留白色固體，並產生氣體，這些氣體會使石灰水變成白色混濁狀。受熱試管的末端會附著一些液體。

▲ 為了防止產生的液體逆流，使試管裂開，加熱時，試管口需稍微朝下。

▲ 為了防止石灰水逆流，停止加熱前需將玻璃管從石灰水中抽離。

試管殘留的白色固體是什麼？⇒碳酸鈉(可溶於水，有強鹼性)。

產生的氣體是什麼？⇒可使石灰水轉變成白色混濁狀，所以是二氧化碳。

產生的水滴是什麼？

⇒以氯化亞鈷試紙碰觸後，會從藍色轉變成淡紅色，所以是水。

化學反應為何？⇒碳酸氫鈉(白色)→碳酸鈉(白色)＋水＋二氧化碳。

$$2NaHCO_3 \rightarrow Na_2CO_3 + H_2O + CO_2$$

化學 6 **水的電解**

在水中溶入少量氫氧化鈉，並施加電壓。

↓

火柴點火後靠近陰極側收集的氣體，會發出聲音或是氣體產生火花。將點火的線香放入陽極側收集的氣體，會劇烈燃燒。且陰極側與陽極側收集到的氣體體積比為2：1。

▲ 為了讓水容易導電，需加入少量氫氧化鈉(鹽酸會產生氯氣，故不能使用鹽酸)。

陰極側產生的氣體是什麼？⇒因為會燃燒，所以是氫氣。

陽極側產生的氣體是什麼？⇒因為會助燃，所以是氧氣。

產生的氫氣與氧氣體積比是多少？⇒2：1(質量比為1：8)。

化學反應為何？⇒水→氫氣＋氧氣。$2H_2O \rightarrow 2H_2 + O_2$。

204

4

實驗・觀察的注意事項。入學考試與定期考試很可能會問到這些，所以一定要詳細確認這部分。

5

將這項實驗・觀察所具備的知識，整理成一問一答的形式。建議可先遮住答案，確認自己能否回答出來。

目次

化學

地球科學

生物

實驗・觀察

插圖（封面、問題頁）・Nakakihara Akiko

插圖（答案頁）・熊Art

為什麼我們會看到
汽車頭燈射出一道光束？

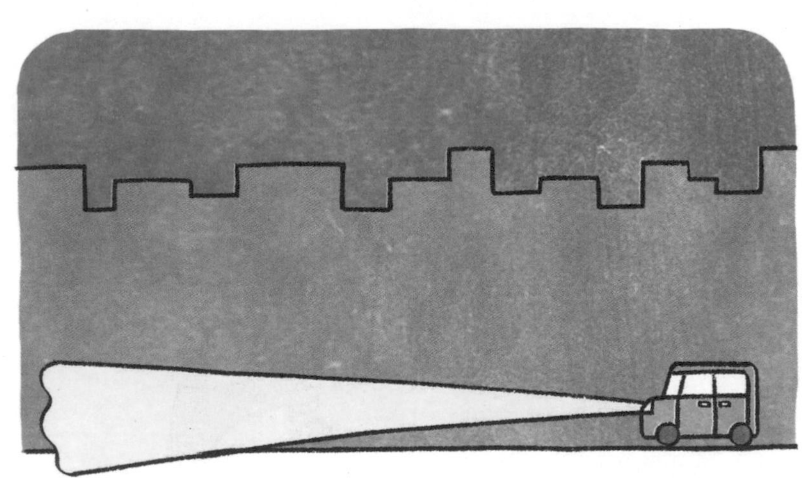

答案

因為空氣中的灰塵反射光線的關係。

解說

光的前進速度約為每秒30萬公里，所以用肉眼無法看出光的傳播路徑。我們之所以能看到汽車頭燈或電影院投影機射出的光束，是因為**光照射到飄浮在空氣中的塵埃後**，**我們再看到了這些塵埃**的關係。另外，在空氣、玻璃等透明且均勻的物質中，光以直線前進。

光的速度（光速）：在真空中約為30萬km/s。地球一圈長度約為4萬公里，所以光一秒內可繞地球約七點五圈。（超快!!）

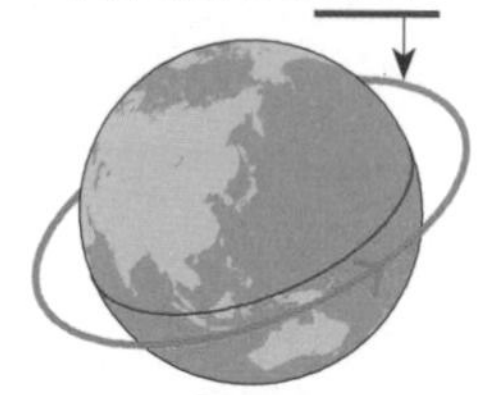

光速為30萬km/s，一秒內可繞地球七圈半。

光的直線傳播：光在透明且均勻的物質中會以直線前進。

❶ **平行光**：太陽光照射地球時，所有光線皆為平行傳播。

❷ **擴散光**：如電燈泡的光，是由一點擴散開來的光線，也是直線傳播。

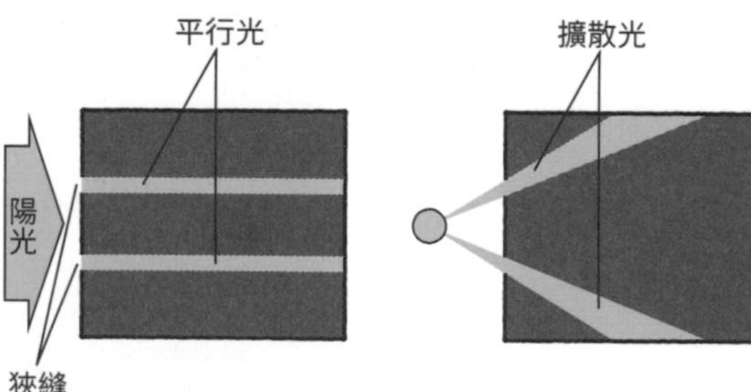

地球至太陽的距離約為1億5000萬公里，非常遙遠，所以太陽釋放出來的光只有一小部分會抵達地球。

「針孔照相機」就是利用光的直線傳播特性，而發揮作用的機械。

為什麼我們看得到鏡中的自己？

答案

因為自己身上發出的光，經鏡子反射後再回到眼睛。

解說

將物體放在鏡前，以鏡面為對稱面，物體的像會出現在對應位置。**像與實際物體的大小相同，方向左右相反**。這是因為我們身上發出的光，經鏡面反射到我們眼中的關係。反射過程符合反射定律。

光的反射：光照射到鏡子等物體後反彈回來的性質。
光的反射定律：即「入射角＝反射角」。

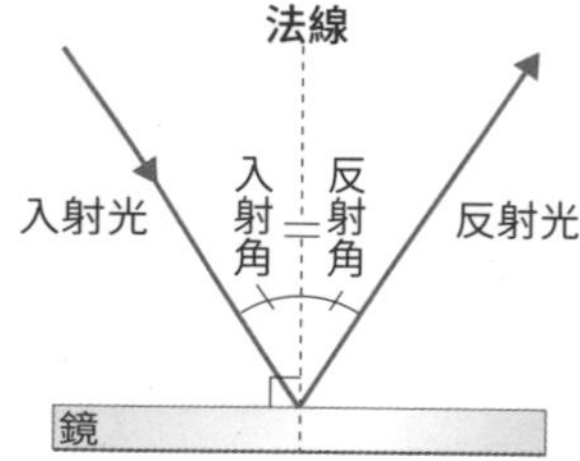

入射角為入射光與垂直於鏡面的線(法線)所夾角度。反射角為反射光與法線所夾角度。

鏡中物體的像：以鏡面為對稱面，鏡中的對應位置會形成與實際物體大小相同的像。

像的作圖1

欲讓全身入鏡，需要的鏡子大小

實物　像

※像與實物大小相同，位於鏡面另一側的對稱位置。

像的作圖2

由B發出的光經過反射後抵達A。

B（B的像）

鏡

B實物

A

若要在鏡中看到自己的全身，鏡子最少要有自己身高的一半。

問題 03 物理

為什麼把筷子放入玻璃杯中時，會看到筷子在液面處彎折？

答案

因為光從水中進入空氣中時會折射，再進入我們的眼中。

解說

光在各種介質的速度由快到慢依序為「真空中＞空氣中＞水中＞玻璃中」。就像從水中進入空氣中一樣，光從某種透明物質進入另一種透明物質時，**光會在交界面轉折**，這就是**光的折射**。

光前進的速度（光速）：光的速度（光速）由快到慢依序為「真空中＞空氣中＞水中＞玻璃中」。

光的折射：發生在兩物質的交界面。

入射角與折射角的大小關係

❶ **從空氣中進入水中時：**
入射角＞折射角

❷ **從水中進入空氣中時：**
折射角＞入射角

光的種類

可見光：紅、橙、黃、綠、藍、靛、紫等顏色的光（折射率由小到大的順序為紅→紫）。

紅外線、紫外線等。

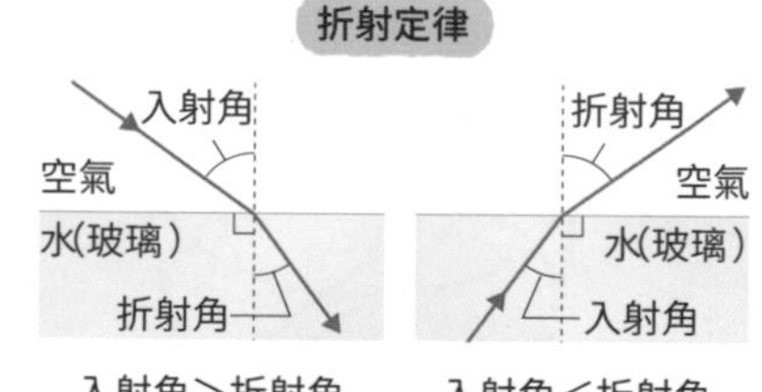

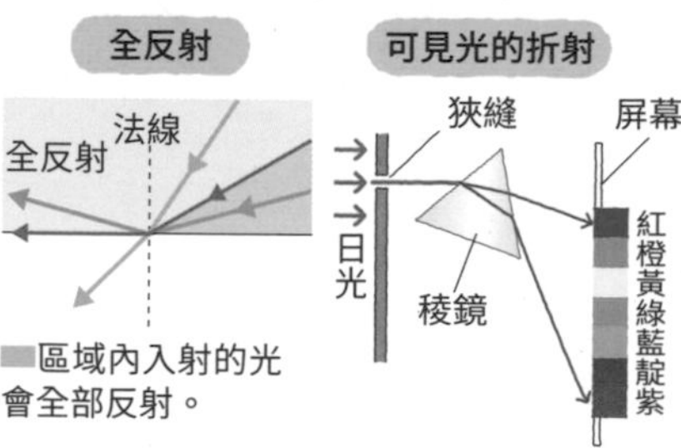

光可在真空中傳播，聲音卻無法在真空中傳播。

不同顏色的光通過空氣中的水滴時，折射率各不相同。
各種顏色的光經空氣中的水滴折射、反射後進入我們的眼睛，使我們看見彩虹。

問題

04

物理

為什麼放大鏡
可以讓物體看起來變大？

答案

因為凸透鏡可以產生比實體大的虛像。

解說

凸透鏡的光軸上有兩個焦點，以凸透鏡為中心，兩焦點彼此對稱。焦點與透鏡中心的距離稱做焦距，若**將物體置於透鏡中心與焦點之間，在與物體同側處可看到有個比物體大的虛像**。

凸透鏡各位置名稱

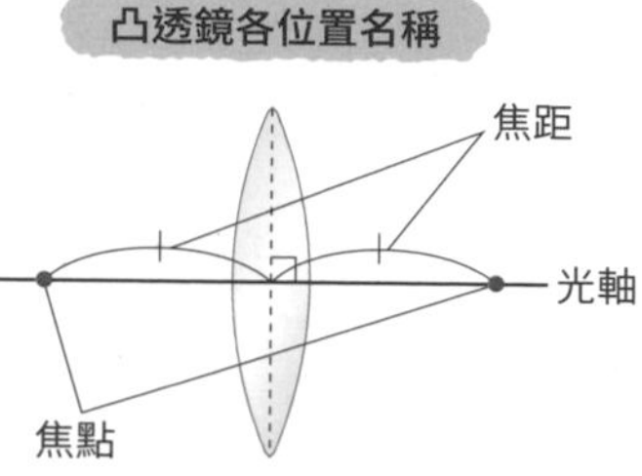

光通過凸透鏡的路徑

❶ **通過透鏡中心的光：**
保持直線前進。

❷ **與光軸平行的光：**
折射後通過另一側的焦點。

❸ **通過近側焦點的光：**
折射後路徑與光軸平行。

通過凸透鏡的光

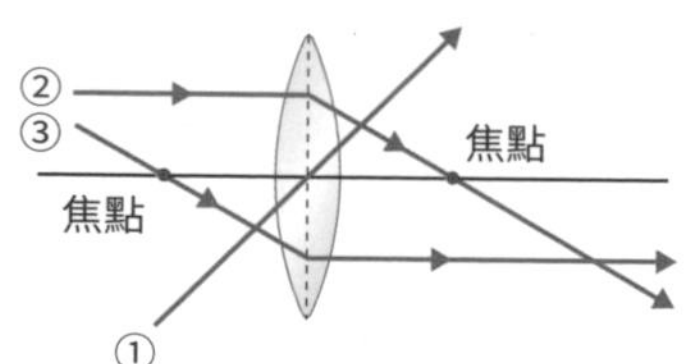

凸透鏡產生的像

❶ **物體位置在焦距之外時：**
於物體對側產生上下顛倒、左右相反的像（倒立實像）。這個像可在屏幕上成像。

❷ **物體位置在焦距之內時：**
於物體同側產生方向不變，較大的像（正立虛像）。這個像無法在屏幕成像。

成像的作圖

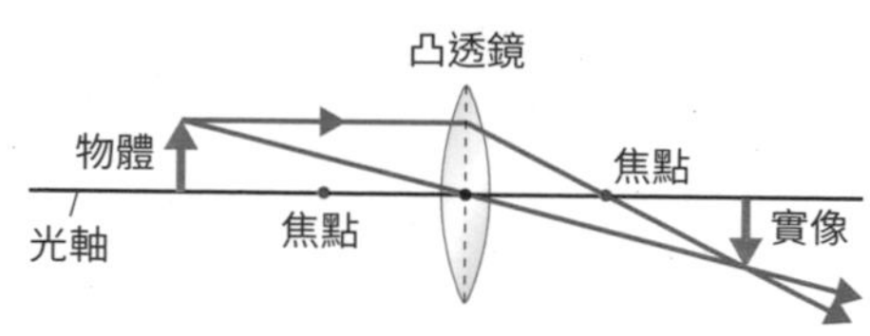

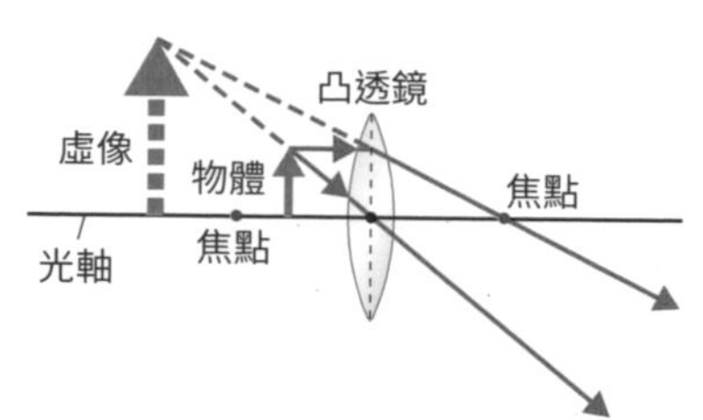

物體離透鏡愈遠，實像就愈小、愈靠近透鏡。

問題 05 物理

為什麼看到煙火一陣子後才聽到煙火的爆炸聲？

答案

因為聲音的速度(音速)比光的速度(光速)還要慢很多。

解說

真空中的光速約為30萬km/s，空氣中的音速約為340m/s(氣溫為15℃時)。音速遠比光速慢，所以即使煙火同時產生光與聲音，對於觀賞煙火的人來說，要隔一段時間之後才會聽到爆炸聲。

音速	光速
15℃的空氣中，速度為340m/s(1馬赫)。世界上最快的超音速客機速度約為2馬赫。	真空中為30萬km/s。一秒內可繞地球七圈半。從地球到月球僅需約1秒。從地球到太陽約需8分20秒。
(慢)——→(快) 空氣中<水中<玻璃中	(慢)——→(快) 玻璃中<水中<空氣中

音速：音速由慢到快的順序為「空氣中<水中<固體中」。聲音無法在真空中傳播。

音源：發出聲音的來源。

聲音抵達的時間〔s〕：音源與觀測者的距離〔m〕÷音速〔m/s〕

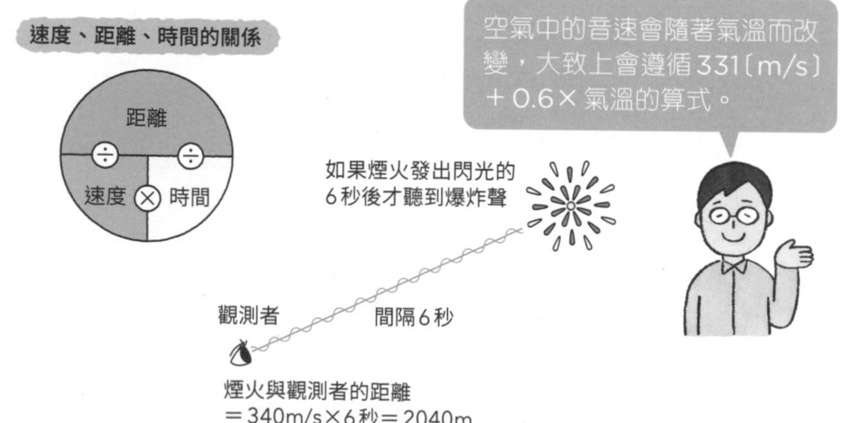

速度、距離、時間的關係
距離
÷
÷
速度
×
時間
空氣中的音速會隨著氣溫而改變，大致上會遵循331〔m/s〕＋0.6×氣溫的算式。
如果煙火發出閃光的6秒後才聽到爆炸聲
觀測者
間隔6秒
煙火與觀測者的距離
＝340m/s×6秒＝2040m

水中音速在1000 m/s以上。

問題 06 物理

為什麼在山裡面會聽到回音？

答案

因為山會把聲音反射回來。

解說

堅硬的物體會反射聲音，海綿之類的柔軟物體則會吸收聲音。山裡面之所以會聽到回音，是因為山壁會反射聲音回來讓我們聽到。

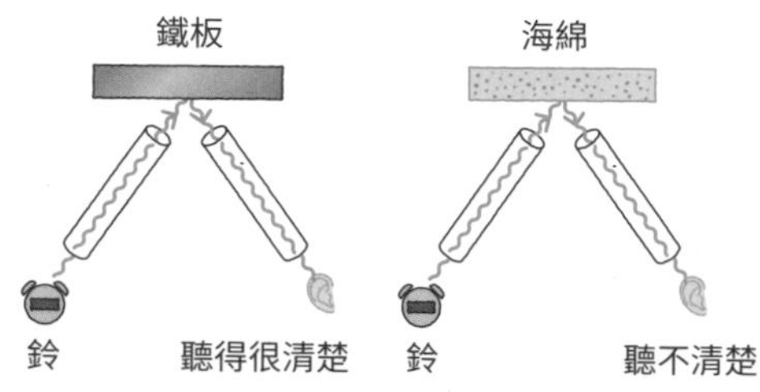

聲音的反射：堅硬的物體會反射聲音。聲音的反射與光相同，遵循「入射角＝反射角」的反射定律。若在洗澡時唱歌，會覺得歌聲特別響亮，就是因為牆壁會反射歌聲，增強音量。

音源移動時，觀測者聽到的音調也會改變

1. **音源靠近觀測者時**：觀測者聽到的音調較高。
2. **音源遠離觀測者時**：觀測者聽到的音調較低。

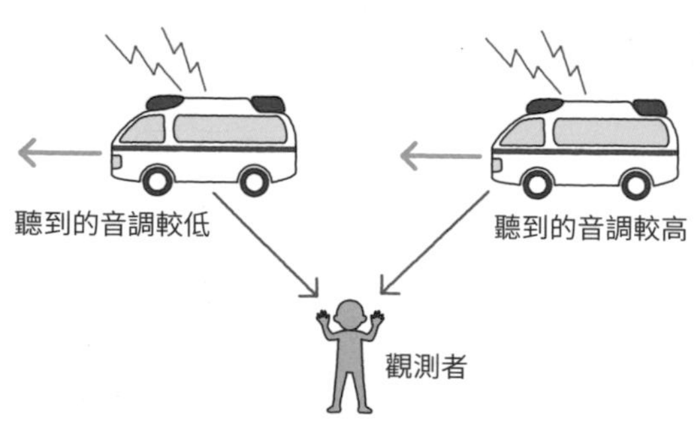

音源或觀測者移動時，觀測者聽到的音調與實際音調有所不同。這種現象稱做「都卜勒效應」。

音樂教室的牆壁上有許多小洞，就是為了防止牆壁反射聲音。

問題 07 物理

聲音能在太空中傳播嗎？

答案

太空中幾乎沒有空氣，所以聲音幾乎無法在太空中傳播。

解說

聲音會使周圍的物體振動，將聲音傳遞出去。也就是說，**如果周圍沒有能夠振動的東西，聲音就無法傳播出去**。能振動的東西包括氣體、液體、固體。太空中接近真空狀態，所以無法傳遞聲音。

真空鈴的實驗

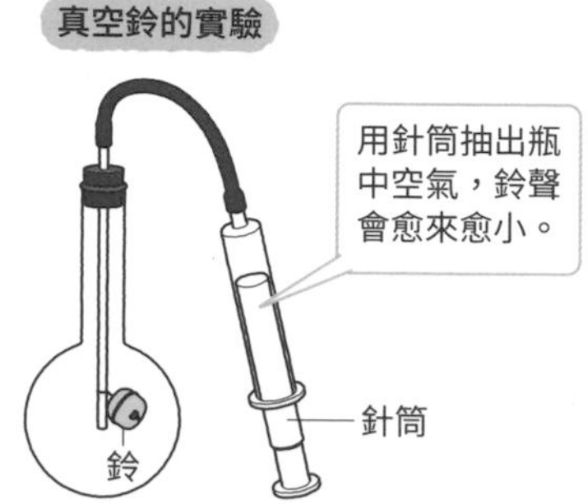

聲音的傳遞方式：使周圍的物體振動，將聲音傳遞出去。

聲音的三個條件：

❶音調高低、**❷聲量大小**、**❸音色**。

頻率〔Hz〕：

聲音在1秒內的振動次數。頻率愈大，音調愈高。

單弦實驗：

弦長愈短、弦的張力愈大、弦愈細，音調就愈高。

示波器的波形

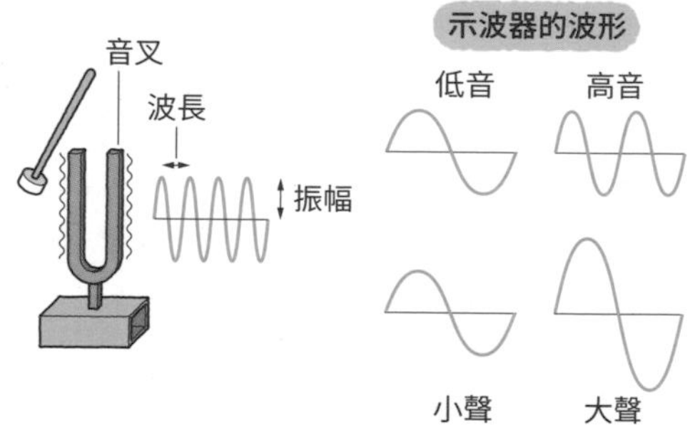

單弦實驗

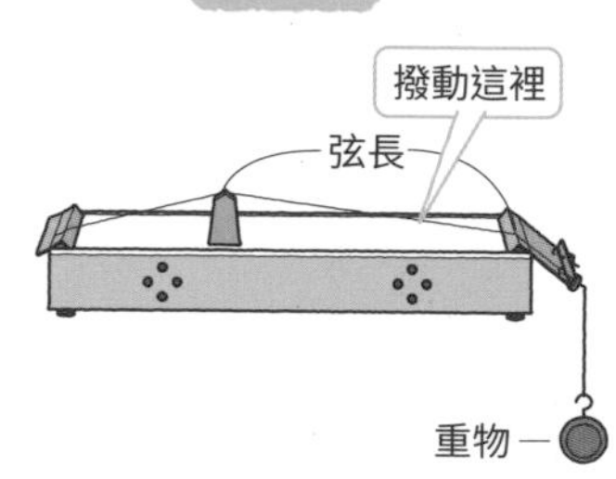

像聲音這種一邊振動一邊前進的現象，稱做「波動」。

單弦實驗中，撥動單弦的力量愈大，會產生愈大的聲音（音調高低不變）。

問題 08 物理

在重力為地球1/6的月球表面，
使用上皿天平測量
一個質量150g的蘋果時，
秤出來會是多少g？

答案

在月球上測量質量，秤出來也是150g。

解說

質量是物體本身的性質，單位為〔g〕或〔kg〕。**即使把物體拿到不同地方，物體的質量也不會改變**。上皿天平就是用來測量質量的工具。
另外，**物體的重量(重力)**指的是**地球或月球將物體拉向星球中心的引力**，單位為牛頓〔N〕，表示力的大小。

物體的質量：物體內所含物質的量。單位為〔g〕或〔kg〕。

物體的重量(重力)：地球或月球將物體拉向星球中心的引力。單位為牛頓〔N〕。質量為100g的物體在地球上所受重力約為1N。

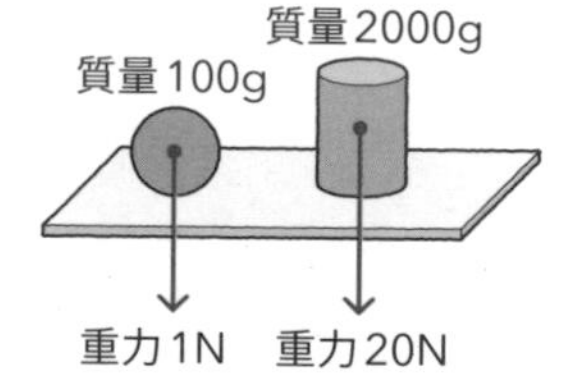

物體質量與重力的關係：在同一個地方，物體質量與所受重力成正比。

例 質量100g的物體所受重力為1N；質量200g的物體所受重力為2N。

上皿天平與彈簧秤：上皿天平是測量物體質量的工具；彈簧秤是用來測量物體所受重力(重量)或是力的大小的工具。

質量為100g的物體，在月球表面所受到的重力為$\frac{1}{6}$N。

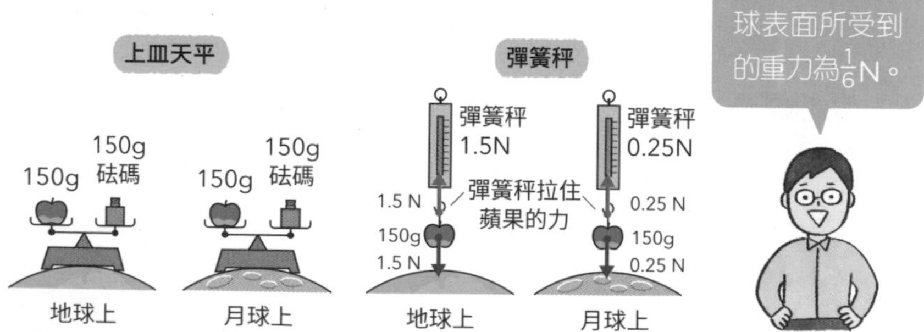

精確來說，質量為100g的物體在地球上所受重力為0.98 N。

問題 09 物理

所有物體都受到重力作用，那為什麼這些物體都靜止站好而不下沉？

答案

因為地面會對物體施加與重力大小相同的正向力，這兩個力會達成平衡。

解說

地球上所有物體都會受到重力作用，而重力會將物體拉向地球中心。靜止於地面的物體會受**重力**作用，地面也會對物體施加**正向力**，將物體往上推。重力與正向力大小相同，方向相反，達成平衡，故地面上的物體會保持靜止不動。

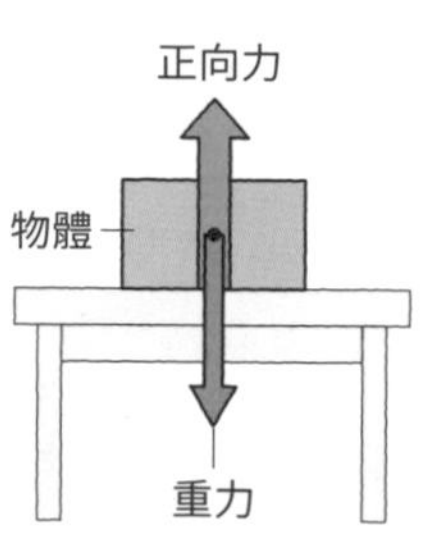

重力〔N〕：地球將物體拉向地球中心的力。
正向力〔N〕：一個平面將物體垂直往上推的力。
力的平衡：物體受力卻不會移動，就表示物體所受的力達到平衡。
兩力平衡條件：**❶兩力大小相同、❷兩力方向相反、❸兩力作用在同一條直線上。**

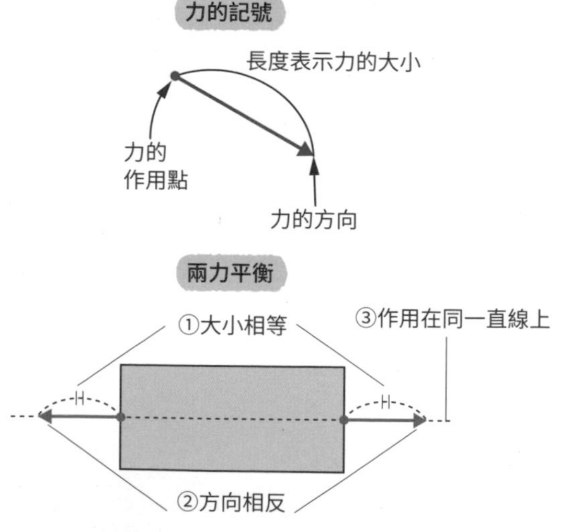

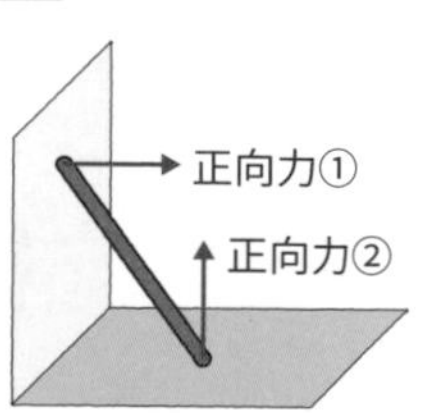

靠著牆壁的物體，也會受到來自牆壁的正向力作用。

運動狀態下的物體，也可能處於力平衡狀態（以固定速度運動時）。

問題
10
物理

電池上標註的「V」是什麼單位？

答案

驅動電流流動之電壓的單位。

解 說

電壓指的是驅動電流的能力，電壓的單位為**伏特〔V〕**。**電流的流動受阻礙程度叫做電阻**，單位為**歐姆〔Ω〕**。

對電阻施加電壓時，電流會從電源正極流向負極。我們用**安培〔A〕**做為**電流大小的單位**。

電路：電流的通道。電流會從電源的正極流向負極。

電壓〔V〕：驅動電路產生電流的能力。

電阻〔Ω〕：電流受阻礙的程度。不同金屬的電阻也不一樣。

電流〔A〕：電的流動。電流會從電源的正極流向負極。

歐姆定律：**電壓〔V〕＝電流〔A〕×電阻〔Ω〕**

電路符號

電源	開關	電容
─┤├─ (－極)(＋極)	─╱ ─	─┤├─
燈泡	電阻	馬達
─⊗─	─▭─	─Ⓜ─
電流計	電壓計	檢流計
─Ⓐ─	─Ⓥ─	─Ⓖ─

歐姆定律的計算

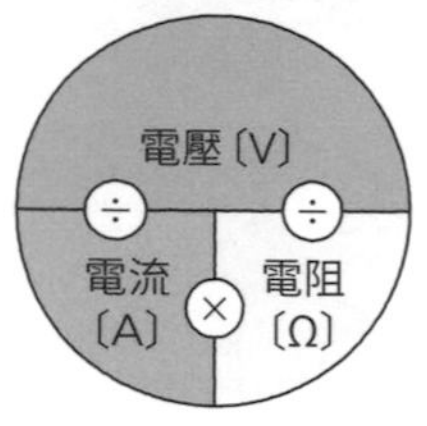

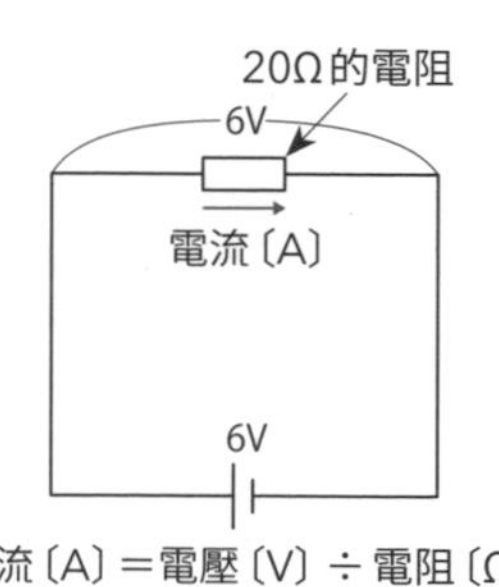

電流〔A〕＝電壓〔V〕÷電阻〔Ω〕
＝6V÷20Ω＝0.3A（300 mA）

粗細、長度相同時的電阻

銀＜銅＜金＜鋁＜鐵

小 ←── 電阻 ──→ 大

電流常用〔mA〕為單位。
1 A＝1000 mA。

對同一種金屬的金屬線而言，電阻大小與金屬線長度成正比，與截面積成反比。

問題

11

物理

假設所有電燈泡以串聯電路相連，且處於點亮狀態。此時若一個電燈泡壞掉，會發生什麼事？

答案

若有一個燈泡壞掉，那麼所有燈泡都會熄滅。

解說

所有電燈泡或電器都在同一條電流路徑上，這樣的電路稱做**串聯電路**。因為電流路徑只有一條，所以如果其中一個燈泡壞掉，電流就無法流動，使所有燈泡一起熄滅。另一方面，**並聯電路**會用到兩條以上的電流路徑。串聯電路與並聯電路的電壓分配方式不同。

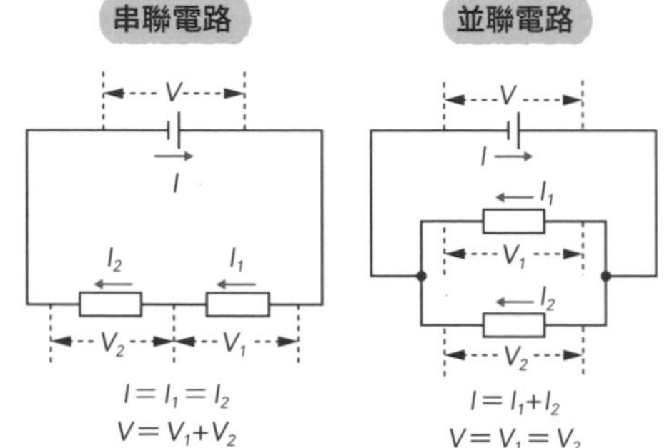

串聯電路：電流路徑只有一條。
並聯電路：電流路徑有兩條以上。
串聯電路的電壓分配方式：$V=V_1+V_2$。

串聯電路的例子

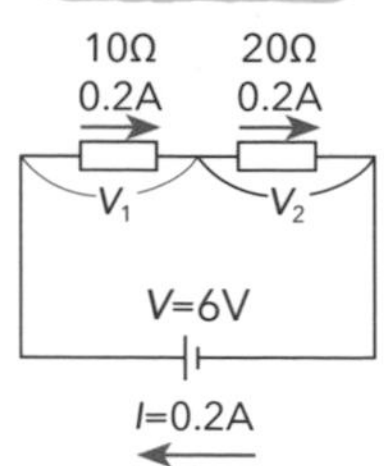

整體電阻R＝10Ω＋20Ω＝30Ω
I=6V÷30Ω＝0.2A
V_1＝0.2A×10Ω＝2V
V_2＝0.2A×20Ω＝4V

並聯電路的例子

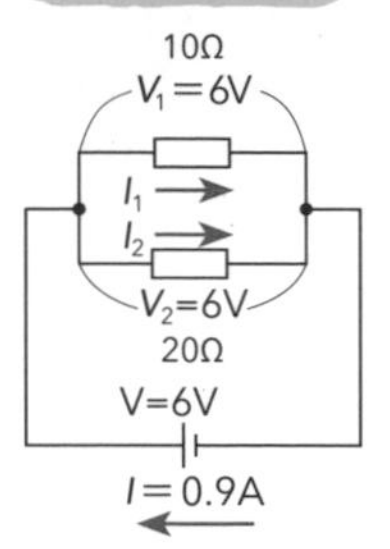

V_1＝V_2＝6V
I_1＝6V÷10Ω＝0.6A
I_2＝6V÷20Ω＝0.3A
I＝0.6A＋0.3A＝0.9A

知道各個電阻分配到的電壓，就可以用歐姆定律，計算出通過各個電阻的電流大小。

假設串聯電路的整體電阻為R，那麼$R=r_1+r_2$。假設並聯電路的整體電阻為R，那麼$\frac{1}{R}=\frac{1}{r_1}+\frac{1}{r_2}$

問題
12
物理

微波爐上面標註的「1000W」或「500W」的W是什麼意思？

答案

表示這個電器用品1秒內所消耗之能量的單位。

解說

電器用品每秒鐘消耗的能量，稱做功率，單位為**瓦〔W〕**。舉例來說，用500W的微波爐加熱30秒，相當於用1000W的微波爐加熱15秒。

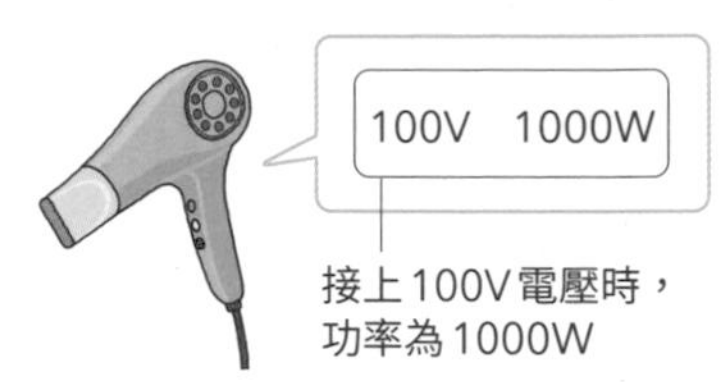

功率〔W〕：電器用品每秒鐘消耗的能量。

公式 功率〔W〕＝電流〔A〕×電壓〔V〕

電能〔J〕〔Wh〕：電器用品在一定時間內消耗的能量。

公式 電能〔J〕＝電流〔A〕×電壓〔V〕×時間〔s〕＝功率〔W〕×時間〔s〕

公式 電能〔Wh〕＝電流〔A〕×電壓〔V〕×時間〔h〕＝功率〔W〕×時間〔h〕

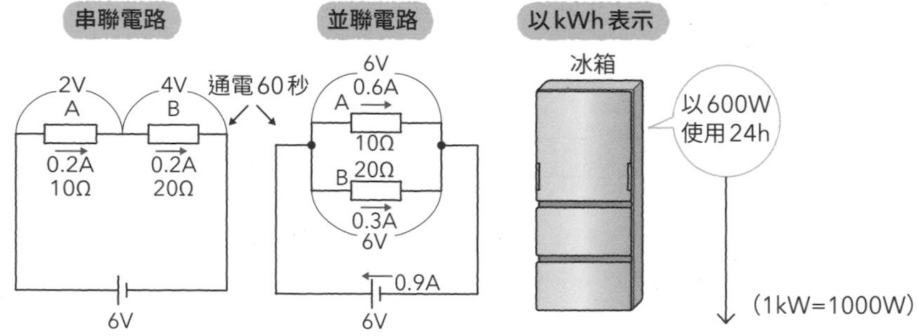

A消耗的電能
2V×0.2A×60秒＝24J
B消耗的電能
4V×0.2A×60秒＝48J

A消耗的電能
6V×0.6A×60秒＝216J
B消耗的電能
6V×0.3A×60秒＝108J

600W×24h＝14400Wh
＝14.4kWh

焦耳〔J〕是表示
能量大小的單位！

 功率〔W〕的單位符號也可以寫成〔J/s〕。

問題
13
物理

零食包裝袋上寫的「○○ kcal」的 cal是什麼意思？

這個便當也是
400 kcal耶。
這個零食的包裝上說
一袋有400 kcal耶！
咦～
POTATO
營養成分標示
熱量400 kcal
蛋白質1.1g
碳水化合物19g

答案

與焦耳〔J〕一樣，是用來表示熱量或能量大小的單位。

解說

1卡〔cal〕是讓1g水上升1°C需要的熱量。熱量與電能、光能一樣，是能量的一種。〔cal〕與焦耳〔J〕同樣是能量的單位，1 cal＝約4.2J。

1 cal是什麼：讓1g水上升1°C需要的熱量。1 kcal＝1000 cal。

公式 水獲得的熱量〔cal〕＝水的質量〔g〕×上升溫度〔°C〕

用電磁爐為水加熱時

公式 電磁爐產生的熱量〔J〕＝電流〔A〕×電壓〔V〕×時間〔s〕

實際上，電磁爐產生的熱只有其中一部分用於提升水的溫度，所以「水獲得的熱量＜電磁爐產生的熱量」。

〔cal〕與〔J〕的關係：皆為能量單位。1 cal＝約4.2J。

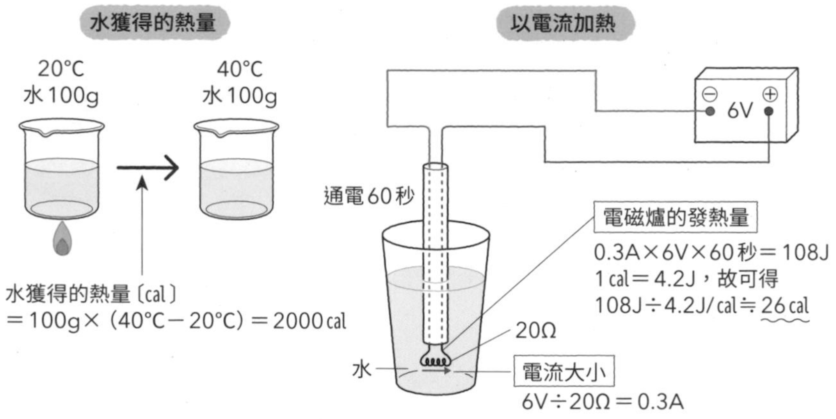

電磁爐產生的熱，也會提升容器的溫度。

問題
14
物理

太陽能發電是什麼樣的發電？

答案

太陽能電池是由兩種照到光時容易產生電荷的半導體（p型與n型）所組成，當陽光直射太陽能板時，就會產生電能。

解說

太陽能發電是陽光直接照射太陽能板後產生電能的發電方式。這種發電方式的運作機制相當單純，而且**使用的能源從太陽而來，所以不需擔心枯竭**，是太陽能發電的優點。不過，天氣因素會影響發電量，這是太陽能發電的缺點。

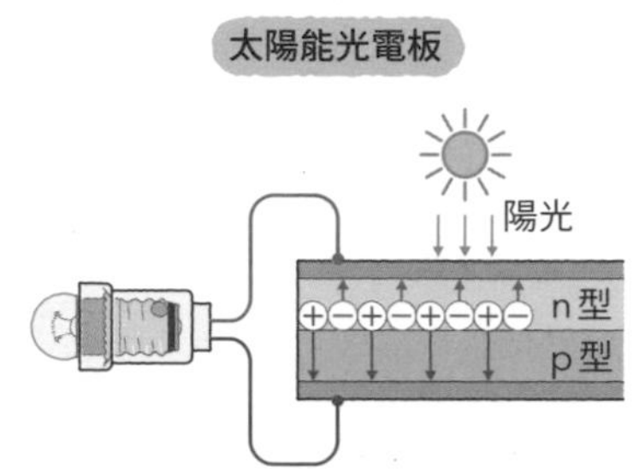

太陽能發電：陽光照射到由兩種半導體（p型與n型）組合而成的太陽能電池時，兩種半導體會分別產生正電荷與負電荷，進而產生電力。

① **優點**：能源來自太陽因而不需擔心枯竭、不會產生二氧化碳等物質、運作機制相當單純……等

② **缺點**：需要廣大的土地、天氣容易影響發電量、費用昂貴……等。

能量的轉換：光、聲音、熱、電等能量，皆可轉換成其他形式的能量。

例 太陽能發電：光能→電能

 來自天然能源的發電方式，除了太陽能發電之外，還有風力發電、地熱發電等。

問題
15
物理

為什麼會有閃電？

答案

雲中的冰粒彼此撞擊，使雲的下端帶有負電荷，並且使地面感應帶正電荷。當電荷多到空氣承受不住時，就會放電，產生閃電與打雷。

解說

將兩個物體互相摩擦時，一邊會帶有正電荷，另一邊會帶有負電荷，這種電荷稱做**靜電**。積雨雲中的冰粒互相摩擦時也會產生靜電，此時雲的下端會帶有負電荷，而地面感應帶正電荷。電荷量愈來愈大時，兩邊會互相吸引，使電流通過兩者間的空氣，這就是閃電。

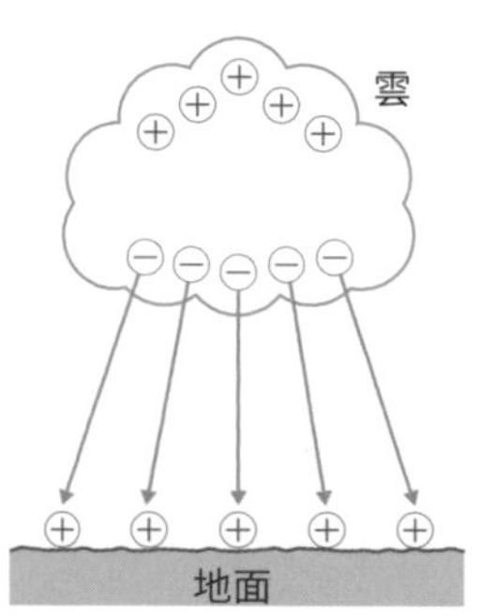

靜電：兩物體彼此摩擦後產生的電荷。有些物體容易帶正電荷，有些則容易帶負電荷。正電荷與負電荷會彼此吸引。

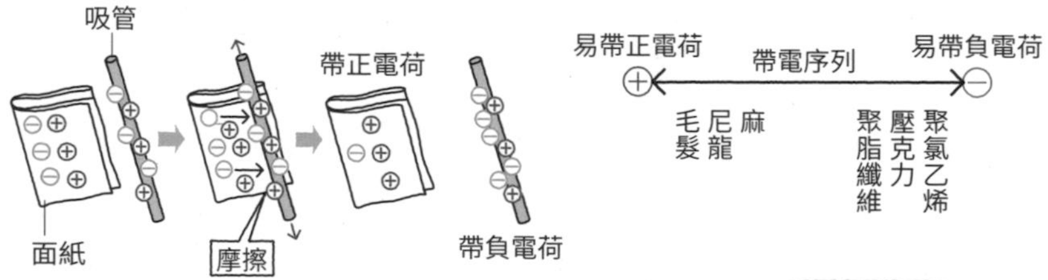

空氣放電：在空氣中傳導的電流（電子流）。

陰極射線：電子射線從陰極射向陽極。

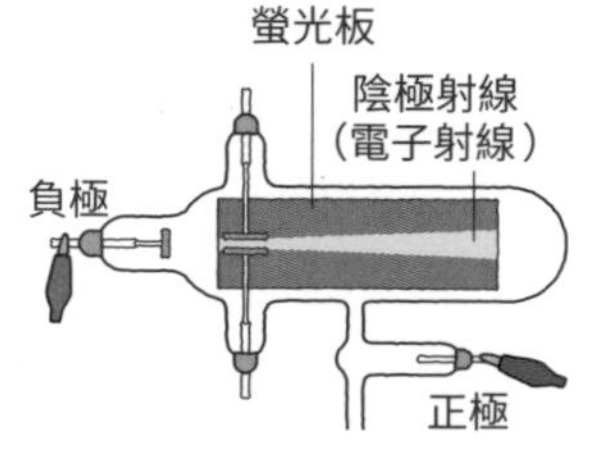

帶有正電荷或負電荷的物體，稱做「帶電體」。

問題
16
物理

將磁鐵放在平鋪分散的鐵粉上，為什麼會出現「條紋狀圖案」？

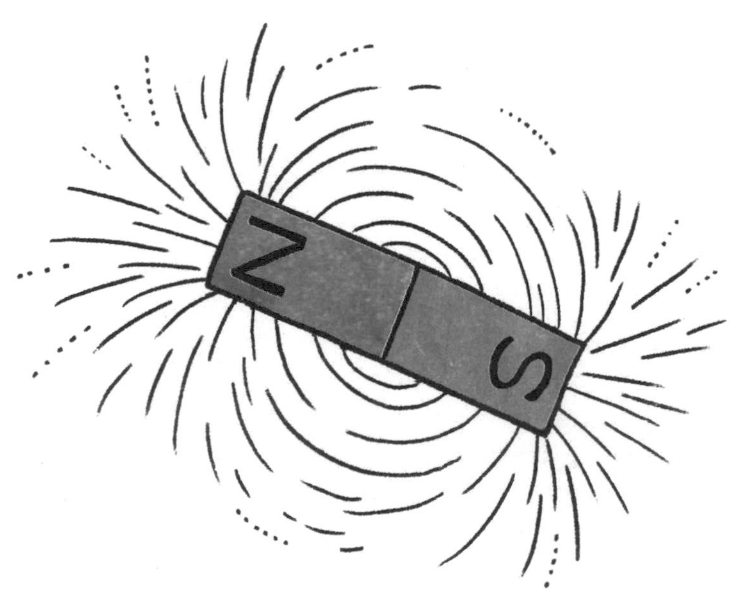

答案

因為磁鐵的磁力會吸引鐵粉，而排列成圖案，將磁場的方向連起來就是磁力線。

解說

磁鐵有N極與S極，**磁力線會從N極離開磁鐵，再由S極進入磁鐵**(但眼睛看不到！)。我們可以畫箭頭來表示磁力線。當指南針靠近磁鐵時，指南針的N極指向會與磁力線的箭頭方向趨於一致。當導線中有電流通過時，導線周圍會產生同心圓狀的磁力線。

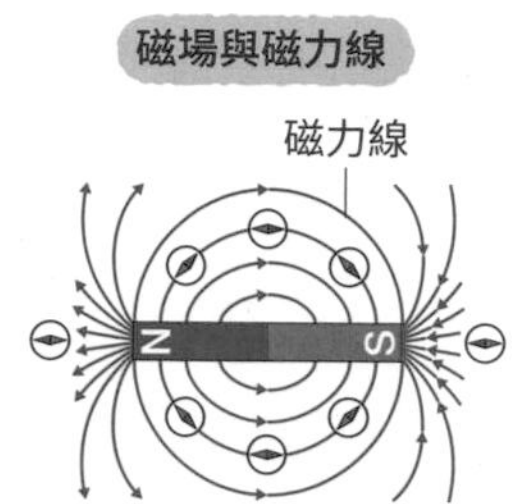

磁場：磁力作用的空間。

磁力線：是假想的曲線，從N極離開磁鐵，從S極進入磁鐵。

電流與磁場：電流通過導線時，導線周圍會產生磁場。

安培右手定則：描述直流電所產生之磁場的定則。

電磁鐵：電流通過漆包線線圈時會產生磁場，使線圈變為電磁鐵。電磁鐵的磁力，與漆包線的圈數、電流大小成正比。

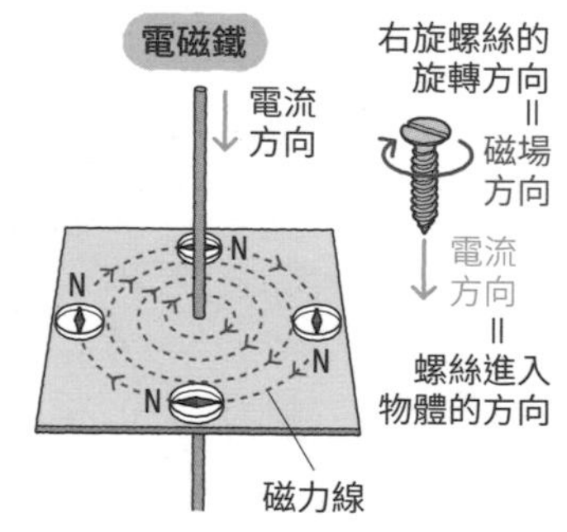

線性馬達等裝置，就運用了可持續切換N極與S極的電磁鐵。

問題 17 物理

揚聲器的發聲原理是什麼？

答案

電流與磁場的作用使線圈受力而運動，帶動揚聲器的振膜振動，再推動空氣而發出聲音。

解說

弗萊明左手定則

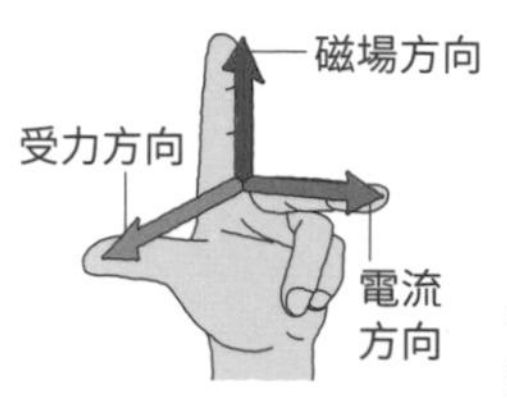

揚聲器的原理

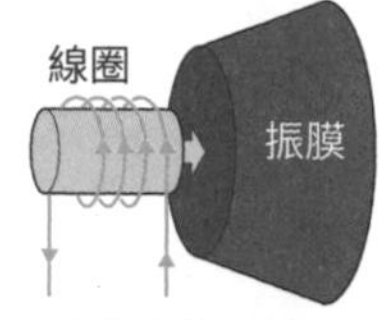

電流產生的磁場與磁鐵產生的磁場彼此排斥，使線圈推動振膜。

電流與磁場之間會產生交互作用，導體的受力方向可用左手表示。首先令左手拇指、食指、中指互成直角，然後將中指方向對齊電流方向，食指方向對齊外部磁場方向，此時拇指方向就是導體的受力方向（**弗萊明左手定則**）。揚聲器就是因為通電的線圈受力而運動，進而產生聲音。

電流受到外部磁場的影響：通有電流的導線或導體棒受到外部磁場的影響而產生運動。

弗萊明左手定則：當左手拇指、食指、中指互成直角時，將中指方向對齊電流方向，食指方向對齊外部磁場方向，此時拇指方向就是導體的受力方向。

磁場・電流・受力

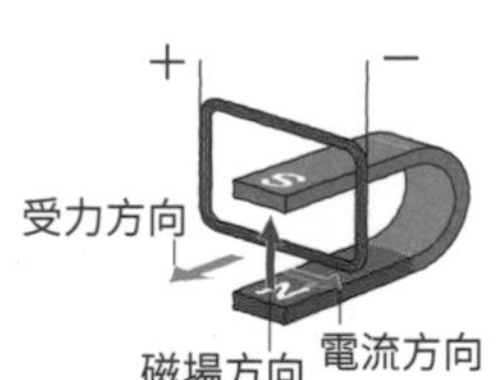

線圈馬達轉動時，就是應用了外部磁場對導體的作用。

線圈馬達的運作機制

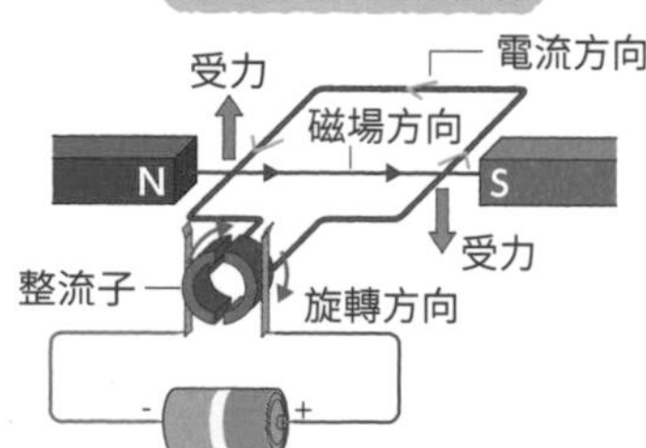

外部磁場以及電流所產生的磁場，在同方向的地方增強，反方向的地方互相抵銷，因此形成載流導體的受力方向。

問題
18
物理

為什麼轉動手搖式發電機的把手後，會產生電流？

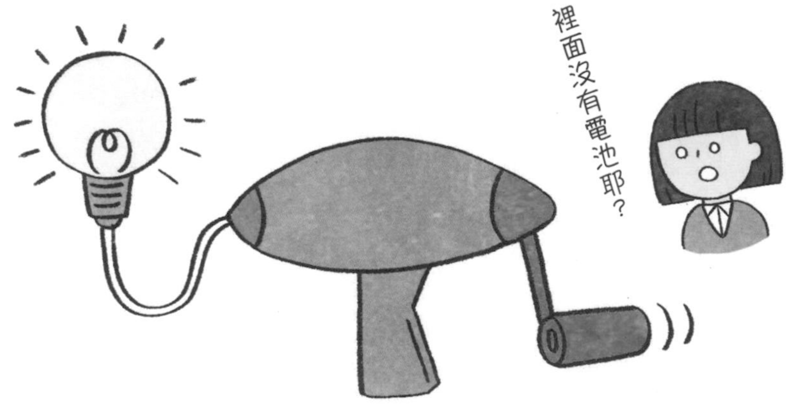

答案

因為通過線圈的外部磁場發生變化，產生電磁感應現象，進而生成電流。

解說

發電機的運作機制

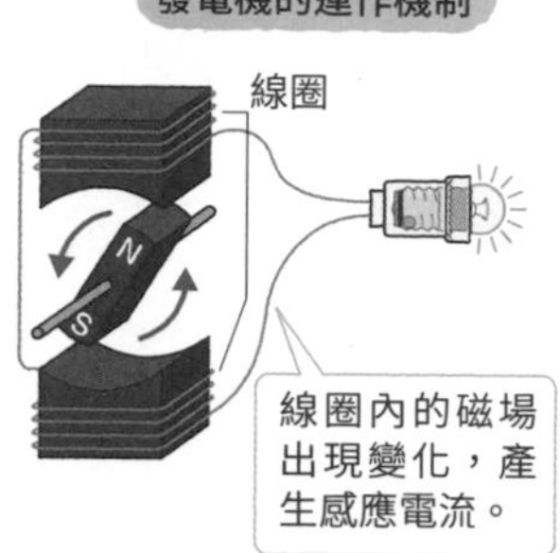

線圈靠近永久磁鐵時，通過線圈的磁力線數目會增加。此時線圈會產生「抵抗磁力線數目變化」的磁場，使線圈內生成電流。這種現象稱做**電磁感應**，手搖式發電機就是利用電磁感應來產生電流。

電磁感應：通過線圈的磁力線數目增減時，線圈會產生「抵抗磁力線數目改變」的磁場，使線圈內生成電流。

感應電流：電磁感應所產生的電流。

直流電：維持固定流動方向的電流。

交流電：方向會不斷改變的電流。

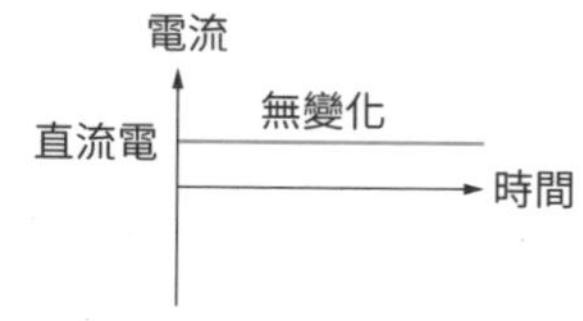

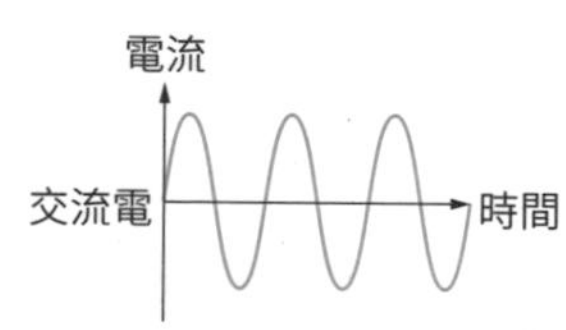

交流電的方向會隨著時間改變

電磁感應的原理

①磁鐵的N極靠近
N
②產生磁場使線圈上端變成N極
S
③產生電流

①磁鐵的N極遠離

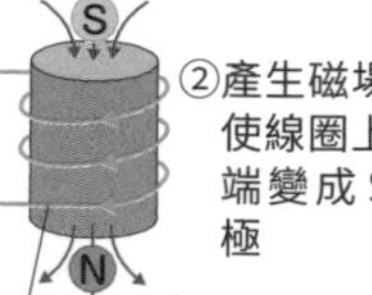

②產生磁場使線圈上端變成S極
③產生電流

只有當外部磁場使通過線圈的磁力線出現變化時，才會產生感應電流。如果磁力線沒有變化，就不會有電流！

 家用插座的電源就是交流電。

問題 19 物理

若在太空中
對一個靜止物體施力，
這個物體會有什麼樣的運動？

答案

它會行等速度直線運動。

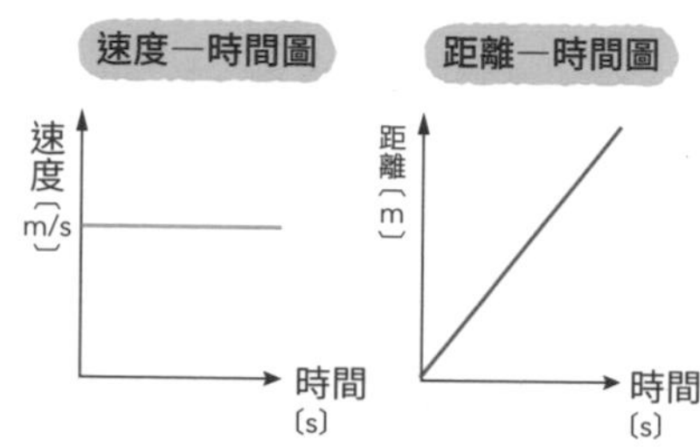

解說

若運動中的物體不受任何力量作用（合力為0），則這個物體會以固定的速度直線運動，稱做**等速度直線運動**。在無摩擦力的平面上，物體就會表現出這種運動。

等速度直線運動：若運動中的物體不受任何力量作用（合力為0），那麼這個物體就會以固定速度直線運動（靜止的物體除外）。

平均速度與瞬時速度

❶ **平均速度〔m/s〕**：物體的移動距離〔m〕÷移動所需時間〔s〕

❷ **瞬時速度〔m/s〕**：物體在某時間點的速度。

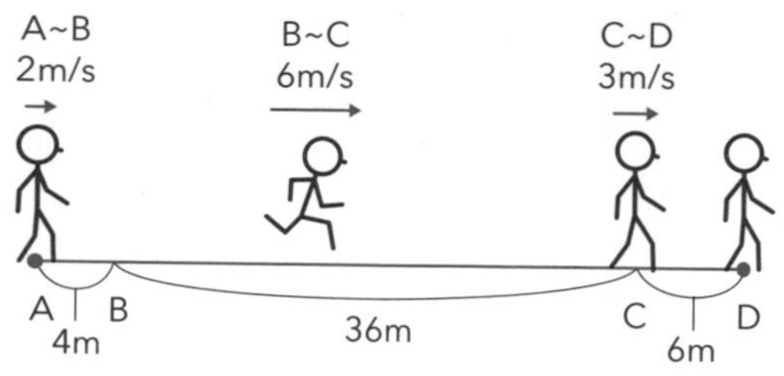

A→D所花費的時間
(4m÷2m/s)＋(36m÷6m/s)
＋(6m÷3m/s)＝10s

A→D的平均速度
(4m+36m+6m)÷10s＝4.6m/s
B～C的瞬時速度＝6m/s
C～D的瞬時速度＝3m/s

等速度直線運動的物體，平均速度與瞬時速度相同！

 平均速度由初始位置、最終位置，以及所花費的時間時間決定。

問題
20 物理

將斜面上的物體放開後，為什麼物體會持續加速？

答案

因為沿著斜面方向有重力的分力，作用在物體上。

解說

地球上的所有物體，都會被重力拉向地球中心。位於固定傾斜角度之斜坡的物體，**會被重力的分力往斜坡下方拉動**，所以物體會以固定的程度加速。**傾斜角度愈大，斜坡方向的重力分力就愈大**，加速度（速度的變化）也愈大。

作用在斜面上物體的力

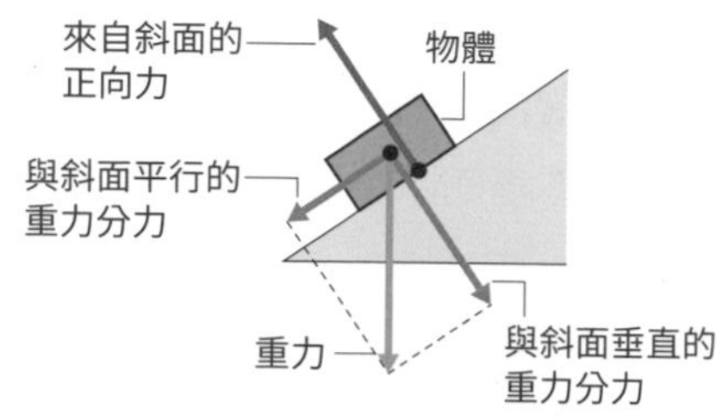

與斜面垂直的重力分力之大小，和物體受到的正向力相同！

作用於平滑斜面上之物體的力：包括重力與正向力。

作用於斜面上物體之重力分力：可分為與斜面平行以及與斜面垂直的分力。

以等加速度運動的例子：在斜面上運動的物體、自由落體運動、在有摩擦力之平面上的物體運動（減速運動）。

斜面的傾斜角度改變時

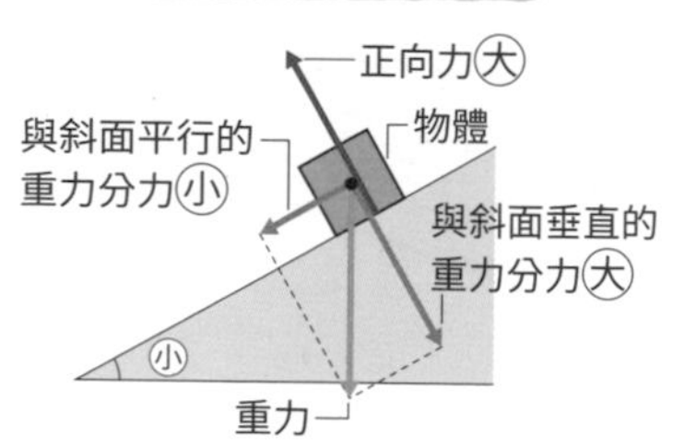

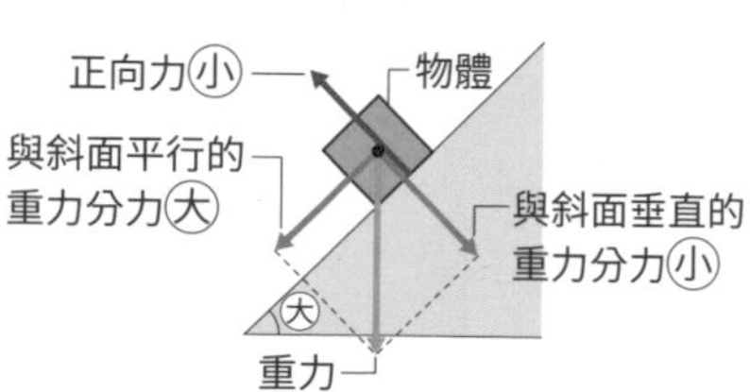

將靜止的物體在空中放開的運動，稱做「自由落體運動」。

開車時若急踩煞車，為什麼身體會往前傾倒？

公車突然剎車的時候，乘客也會站不穩，你知道為什麼嗎？

答案

因為車內的人會維持煞車前的速度，持續往前移動。

解說

所有物體在不受外力作用時，皆呈等速度直線運動，或是保持靜止。這種性質稱做**慣性**，以上描述也稱做**慣性定律**。急踩煞車時，車內乘客仍保持原本的車速繼續往前移動，所以會有被往前拉的感覺。

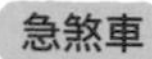

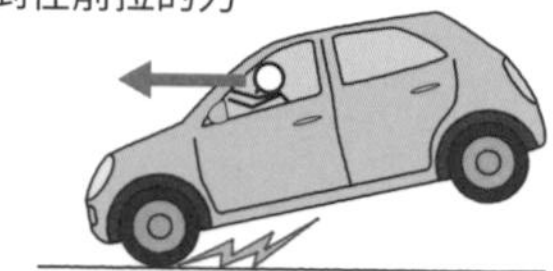

慣性定律：所有物體在不受外力作用時，會維持原本的運動（等速度直線運動），或是保持靜止。

慣性力：周圍的物體受外力作用時，位於其中的物體會受到一股與外力方向相反的力之作用，這種力稱做慣性力。

例 公車加速時，吊環會往後移動；電梯向上加速時，內部的乘客會覺得被往下拉……等等。

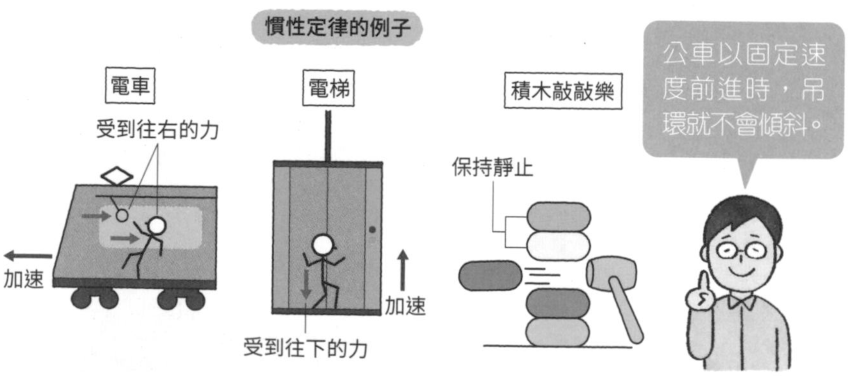

若電梯為自由落體，內部的乘客就會感覺進入無重力狀態（好可怕！）。

為什麼划槳可以讓船前進？

答案

因為當槳對水施力的時候，槳也會受到來自水「大小相同、方向相反」的力作用。

解說

兩物體A、B之間，若**A對B施力，那麼A也會受到來自B的力之作用，且大小相同、方向相反**。這種現象稱做作用力與反作用力。作用力與反作用力的現象，也會發生在彼此分離的物體之間。

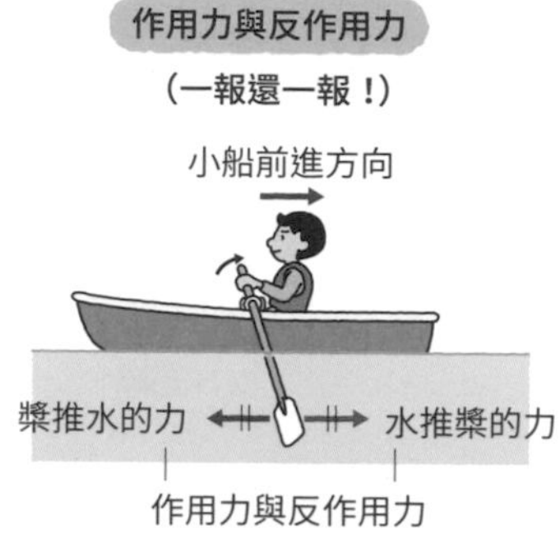

作用力與反作用力定律：兩物體互相施力時，這兩個力的大小相同、方向相反。

作用力與反作用力的例子：對牆壁施力時，自己也會受到來自牆壁的反向作用力；兩個磁鐵的N極會用大小相同的力互相排斥……等等。

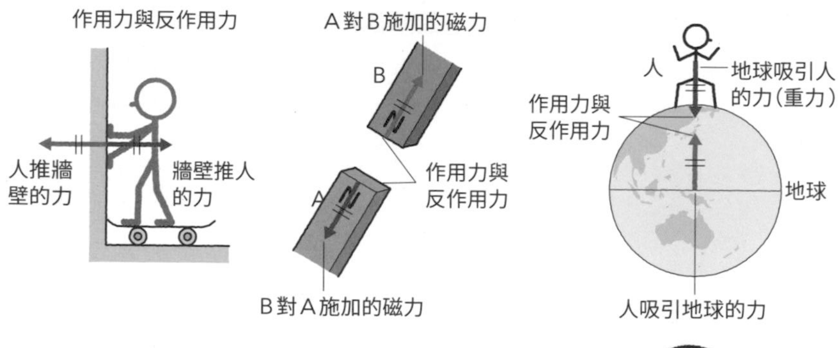

地球表面的物體受到地球重力的吸引時，也會以同樣大小的力吸引地球！（不過，地球的質量實在太大，所以感覺不到我們在吸引地球……）

「施加在兩物體上的力」是作用力與反作用力，這與靜力平衡的力不同。

為什麼放開物體的位置愈高，物體抵達最低處時的速度愈快？

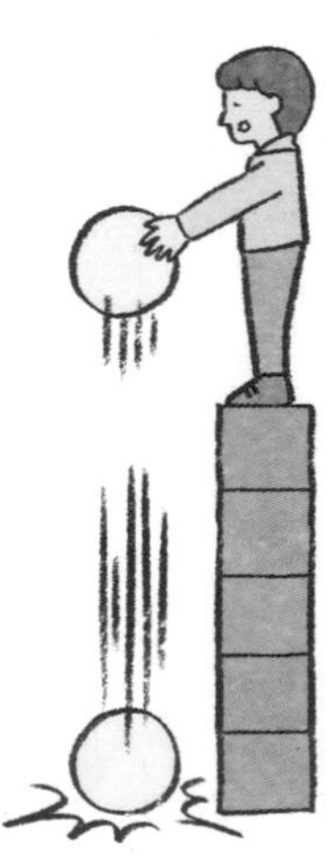

答案

因為物體擁有的位能會轉換成動能。

解 說

物體的高度改變時所需要的能量稱做**位能**。物體從高處落下時，**位能會逐漸轉換成動能**。動能是運動中的物體擁有的能量，物體的位能與動能合稱為**力學能**。

位能〔J〕：物體的高度改變時所需要的能量。

公式 位能〔J〕＝物體重量〔N〕×從基準面算起的物體高度〔m〕

動能〔J〕：運動中的物體擁有的能量。

公式 動能〔J〕＝$\frac{1}{2}$×物體質量〔kg〕×（物體速度〔m/s〕）^{2}

力學能〔J〕：物體的位能＋物體的動能。

力學能守恆：在外力不作功的情況下，物體的力學能保持固定。

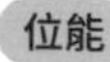

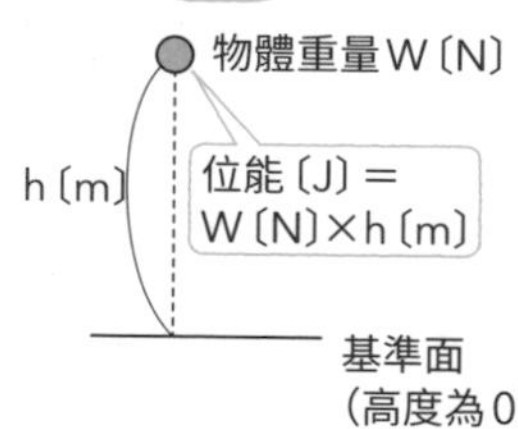

動能

物體速度v〔m/s〕

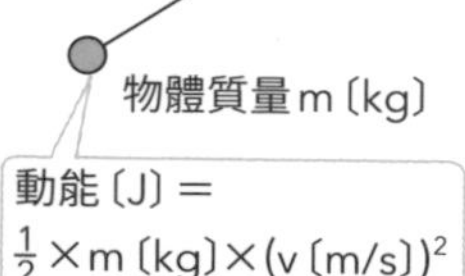

力學能守恆

（例）在平滑斜面上的A點放開物體

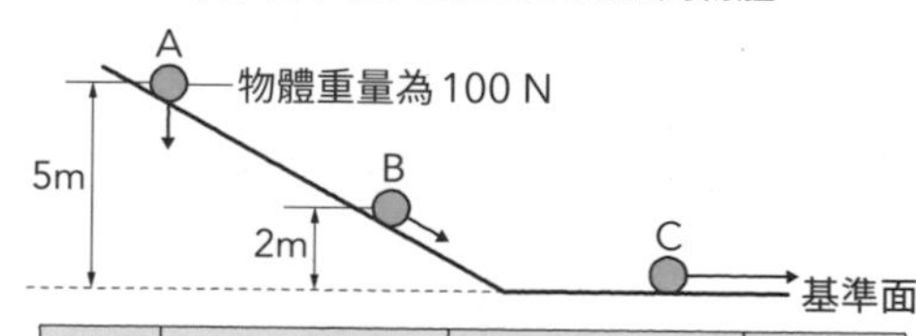

	A	B	C
位能	100N×5m＝500J	100N×2m＝200J	0J
動能	0J	300J	500J
力學能	500J	500J	500J

→力學能固定不變。

基準面不同時，位能數值也不一樣。

外力作功指的是空氣阻力和摩擦力等所做的功〔J〕，為「物體受力×物體朝受力方向移動的距離」。每秒作的功稱做功率〔W〕。

問題 01 化學

砂糖強力加熱後會焦掉，食鹽強力加熱後會如何呢？

布丁的焦糖就是砂糖加熱後的產物喔。

答案

食鹽加熱後不會焦掉，**不過加熱到約800℃以上後，會熔化成液體。**

解說

像砂糖這種加熱後會焦掉的物質，都含有碳元素。食鹽等**不含碳元素的物質**，加熱後不會焦掉。
砂糖等含有碳元素（與氫元素）的物質，大多屬於有機物。食鹽（氯化鈉）等不含碳元素的物質，則屬於無機物。

有機物：含有碳元素與氫元素，燃燒後會產生**二氧化碳**與**水**。
例 **砂糖、澱粉、蠟、酒精、甲烷、塑膠等。**

無機物：有機物以外的物質，大多數不含碳元素與氫元素。
例 **氯化鈉、鐵等金屬類、玻璃、氧氣、氫氣、二氧化碳等。**

有機物＋氧氣 —燃燒→ 二氧化碳＋水

有機物	無機物
砂糖、澱粉、蠟、酒精、甲烷、塑膠等。	食鹽、金屬、玻璃、氧氣、氫氣、二氧化碳等。

二氧化碳雖然含有碳元素，卻歸類為無機物喔！

 構成人體肌肉的蛋白質，也是一種有機物。

問題 02 化學

為什麼寶特瓶的瓶身會沉到水面下，瓶蓋會浮在水面呢？

答案

因為瓶身材質的密度比水大，但瓶蓋材質的密度比水小。

解說

各種不同的塑膠材質

名稱	代號	在水中	
聚乙烯	PE	浮在水面上	
聚對苯二甲酸乙二酯	PET	沉在水底下	寶特瓶
聚氯乙烯	PVC	沉在水底下	
聚苯乙烯	PS	沉在水底下	
聚丙烯	PP	浮在水面上	寶特瓶瓶蓋

物體在每單位體積下的質量稱為**密度**〔g/cm³〕。**水的密度**※**為1g/cm³**。寶特瓶瓶身的材質為聚對苯二甲酸乙二酯(PET)，密度約為1.38g/cm³，比水大，所以會沉下去。瓶蓋材質為聚丙烯(PP)，密度約為0.90g/cm³，比水小，所以會浮在水面上。

※水溫4°C時的密度。

密度：物體在每單位體積下的質量。

公式 **密度〔g/cm³〕＝物體質量〔g〕÷物體體積〔cm³〕**

量筒：測定物體體積的器材。

上皿天平：測定物體質量的器材。

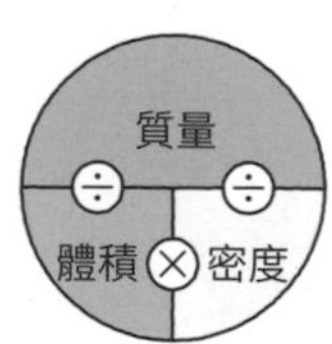

各種物質的密度

物質	密度
銅	8.96g/cm³
鐵	7.87g/cm³
鋁	2.7g/cm³
水(4°C)	1g/cm³
PET	1.38g/cm³
PP	0.9g/cm³

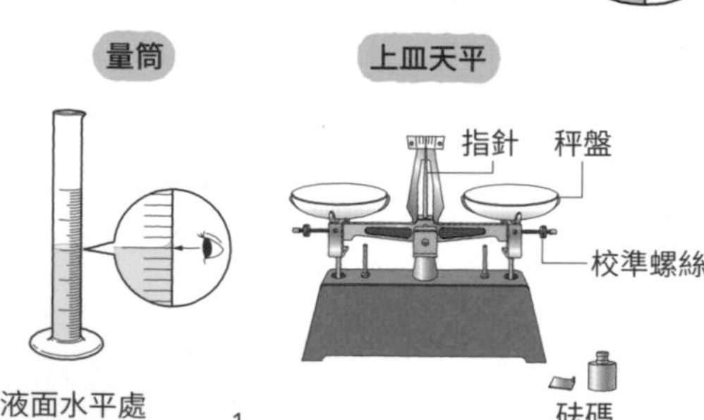

讀取液面水平處
(單位取到最小刻度的$\frac{1}{10}$)

「物體」是著重於大小、形狀的說法；「物質」則是著重於結構、材質的說法。

食鹽水的密度比水大；油的密度比水小，因為油會浮在水面上。

問題

03

化學

將雙氧水塗在傷口上時，冒出的泡沫是什麼成分？

答案

雙氧水分解後所產生的氧氣。

解說

雙氧水是濃度3%的**過氧化氫**水溶液。**過氧化氫接觸到二氧化錳後，會發生劇烈反應，分解成氧氣與水**。人體具有「過氧化氫酶」，接觸到過氧化氫時，它與二氧化錳的作用相同，會產生氣泡（氧氣）。氧氣無色無味，且幾乎不會溶於水中，比同體積的空氣略重。

氣體的性質

氣體	氧氣	二氧化碳	氫氣	氨氣	氯化氫
顏色、氣味	無色・無味			無色・刺激性臭味	
重量是空氣的幾倍	1.1倍	1.5倍	0.08倍	0.59倍	1.3倍
是否溶於水	幾乎不溶於水	略溶於水	幾乎不溶於水	極易溶於水	極易溶於水

各種氣體的製備方式

❶ **氧氣的製備**：過氧化氫→**氧氣**＋水

❷ **二氧化碳的製備**：鹽酸＋碳酸鈣→**二氧化碳**＋水＋氯化鈣

❸ **氫氣的製備**：鹽酸＋鐵→**氫氣**＋氯化亞鐵，鹽酸＋鋅→**氫氣**＋氯化鋅

❹ **氨氣的製備**：氯化銨＋氫氧化鈣→**氨氣**＋水＋氯化鈣

氣體製備裝置

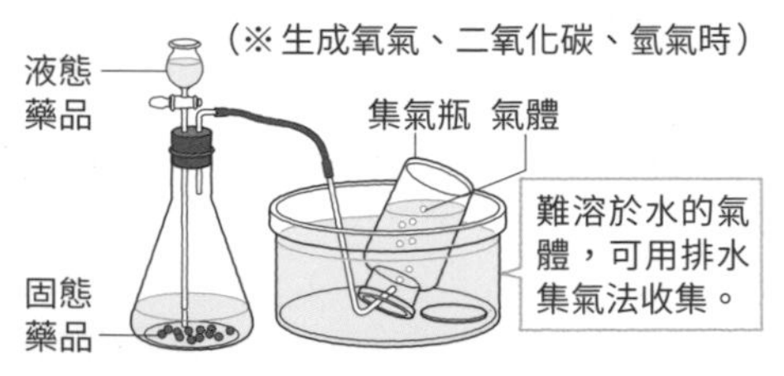

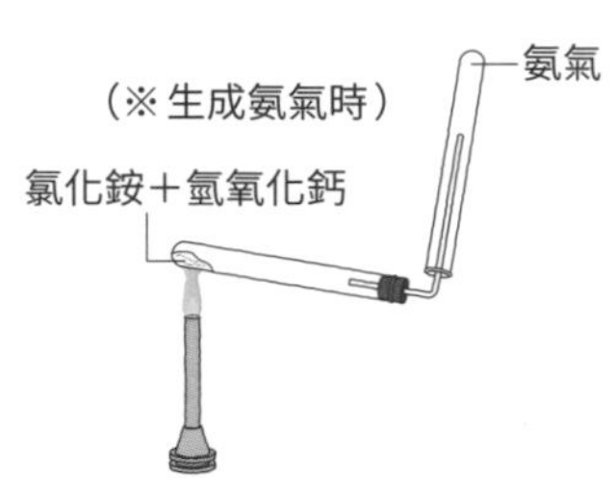

二氧化錳的作用是加速氧氣生成速度，二氧化錳本身不會產生變化。具有這類作用的物質，稱為催化劑。

 有些氣體有顏色，譬如氯氣是黃綠色。

將方糖放入水杯中，不攪拌靜置一陣子，此時上面的水比較甜，還是下面的水比較甜？

答案

上下都一樣甜。

解說

方糖放入水中後，即使不攪拌，**砂糖粒子也會均勻散布至每個角落**，使各處濃度一致。有物質溶解在其中的水稱為水溶液。**水溶液的性質包含：顏色透明、濃度均勻、長時間放置溶質也不會分離等等**。

水溶液的性質

❶ **透明（不一定無色）**。
❷ **濃度均勻**。
❸ **即使長時間放置，溶質也不會分離**。
❹ **即使過濾，也無法分離出溶質**。

溶質：溶解於溶液內的物質。
溶劑：可溶解溶質的液體。
溶液：溶質溶解於溶劑後形成的液體。

溶液〔g〕＝溶劑〔g〕＋溶質〔g〕

$$溶液濃度〔\%〕=\frac{溶質質量〔g〕}{溶液質量〔g〕}\times 100$$

分離液體與固體的步驟

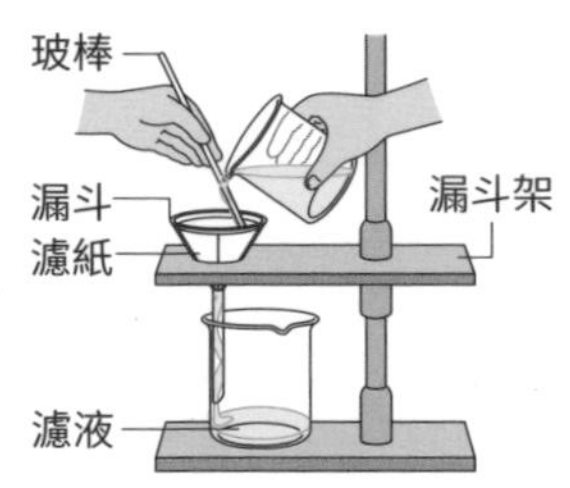

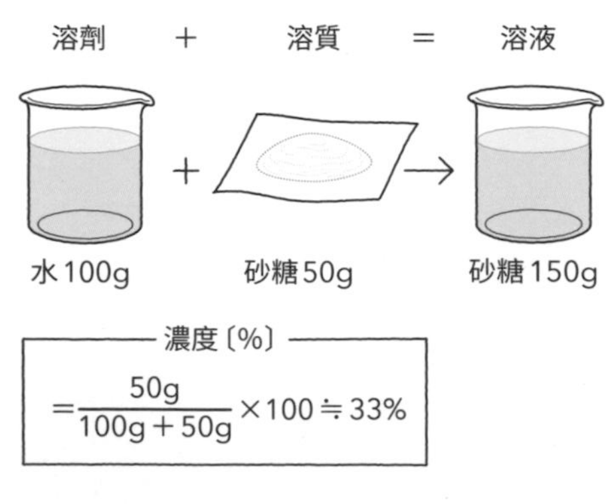

若溶液內剩下一些溶質沒有溶解，這些溶質的質量就不能算在溶液內。

「飽和水溶液」是什麼樣的水溶液？

答案

再也溶解不了更多溶質的水溶液。

解 說

100g水最多可溶解多少質量〔g〕的某物質，稱為這個物質的**溶解度**。不同溫度下，物質的溶解度也不一樣。**物質濃度已達到最高的水溶液，稱為飽和水溶液**。

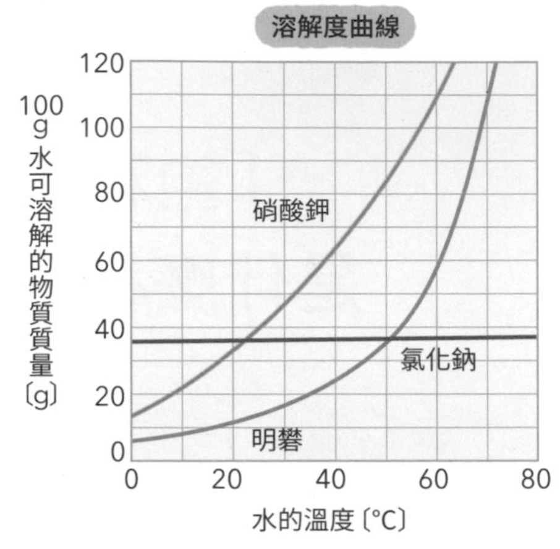

※大部分固態物質都是溫度愈高，溶解度愈大。

溶解度：100g水最多可溶解多少質量〔g〕的特定物質。

溶解度曲線：每種物質的溶解度曲線形狀各不相同，對於多數固態物質而言，液體溫度愈高，溶解度就愈大。 ※有例外

水量與溶解物質的量：液體溫度相同時，水量與可溶解的物質質量成正比。

飽和水溶液：再也溶不了更多溶質的水溶液。溶解物質時，若開始出現無法溶解的溶質，上層透明液體（上清液）就是飽和水溶液。

水量與物質的溶解量

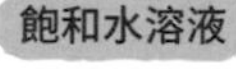

氯化鈉

10°C 100g水 → 可溶解35.6g

×2　　×2

10°C 200g水 → 可溶解71.2g

飽和水溶液

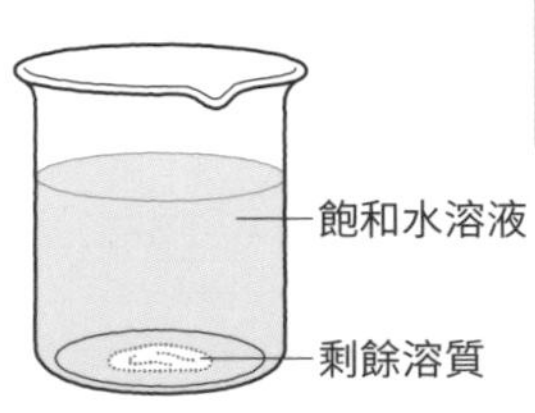

※二氧化碳等氣體與氫氧化鈣等物質，在液體溫度愈低時，溶解度愈大。

 0°C的100g水，可溶解超過100g的砂糖。

問題
06
化學

為什麼乾冰周圍會產生「白煙」？

答案

因為空氣中的水蒸氣遇冷凝結成水滴。

解說

乾冰溫度在-79°C以下，會讓**周圍空氣中的水蒸氣（氣體）冷卻凝結成肉眼可見的水滴（液體）**，這就是白煙的本體。

乾冰是固態的二氧化碳。若放在常溫環境下，會轉變成肉眼看不到的氣態二氧化碳。

物質的狀態變化：

物質基本上有**固態**、**液態**、**氣態**等三種狀態，稱為物質的三態。隨著熱的吸收與釋放，物質會出現**固態⇆液態**、**液態⇆氣態**、**固態⇆氣態**的狀態變化。乾冰周圍的「白煙」，就是「氣體（水蒸氣）」→「液體（水）」所造成。

昇華與凝華：

狀態變化中的「氣態」→「固態」稱為**昇華**，「固態」→「氣態」稱為**凝華**。

露：空氣中的水蒸氣（氣態）→水滴（液態）的狀態變化。

霧：空氣中的水蒸氣（氣態）→水滴（液態）的狀態變化。（地表附近）

霜：空氣中的水蒸氣（氣態）→冰粒（固態）的狀態變化。

霜柱：土壤中的水（液態）→冰粒（固態）的狀態變化。

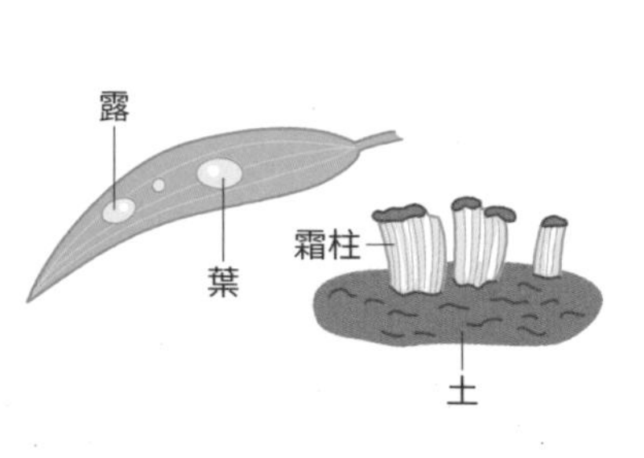

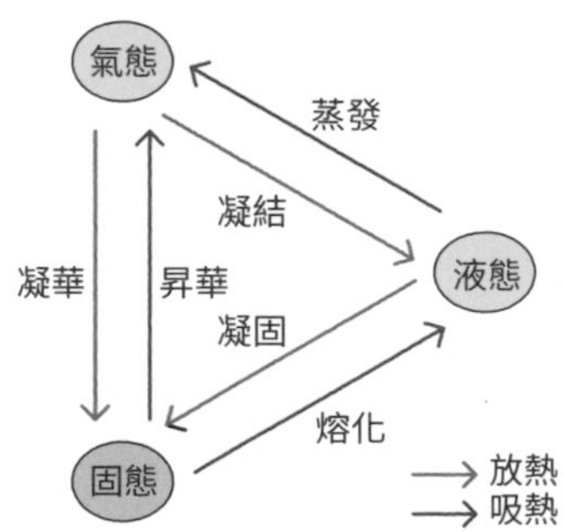

水的狀態變化中，若從液態（水）轉變成固態（冰），體積會變大（一般物質則會縮小）。

問題
07
化學

紅酒加熱後冒出的蒸氣，在冷卻後會變成什麼顏色的液體？

答案

透明無色。

解說

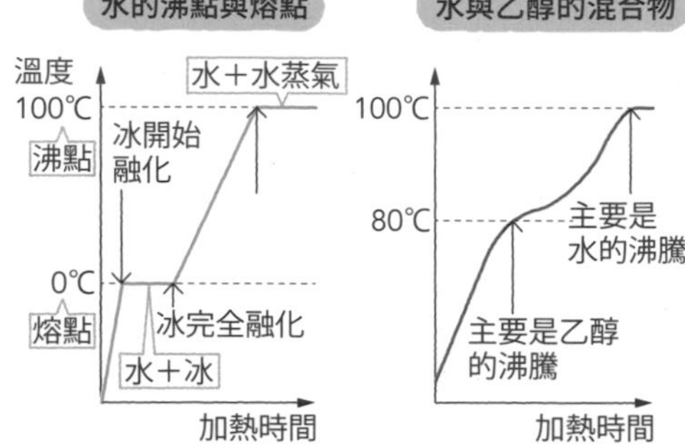

紅酒中的**乙醇約於78℃沸騰**，**水則是在100℃沸騰**。加熱乙醇與水的混合物時，**乙醇會先轉變成氣體**，收集此時的蒸氣，待冷卻後，會得到透明無色、主成分為乙醇的液體。若繼續加熱，溫度達到100℃時，水會開始沸騰，收集此時產生的蒸氣，在冷卻後會得到以水為主成分的液體。

沸點：液體開始沸騰時的溫度。

熔點：物體開始由固態轉變成液態的溫度。

蒸餾：加熱液體使其沸騰，再冷卻其蒸氣，使氣體變回液體的過程。若混合物中各成分的沸點不同，便可運用蒸餾方式來分離各種成分。

蒸餾裝置

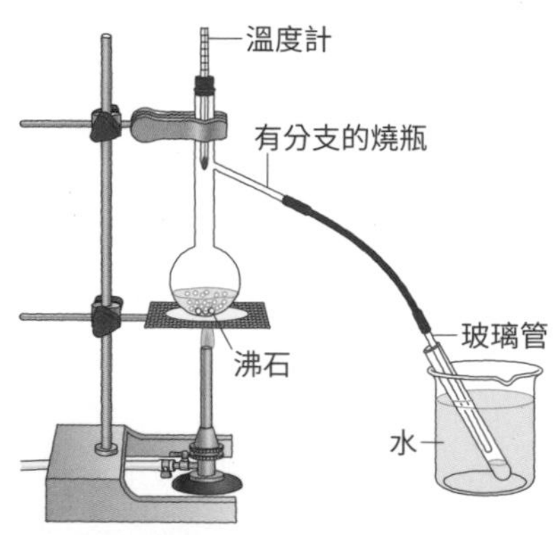

各物質的沸點與熔點

物質名稱	熔點	沸點
水	0℃	100℃
乙醇	-115℃	78℃
氧氣	-218℃	-183℃
食鹽	801℃	1413℃
鐵	1536℃	2863℃

加熱純物質時，會暫時有一段時間的溫度停留在熔點、沸點，不會升溫，因為這時的熱用來改變狀態。

精煉石油時也會用到蒸餾法。

問題 08 化學

為什麼將「發粉」加入麵團後，麵團會膨脹？

答案

發粉中的碳酸氫鈉遇熱會分解，產生二氧化碳。

解說

發粉內的**碳酸氫鈉在加熱後會分解，形成二氧化碳、水、碳酸鈉等三種物質**。此時產生的二氧化碳會釋放到外部，使麵團膨脹。

分解：一個物質分解成兩個物質以上的反應。

❶ **熱分解**：物質經加熱後引起的分解反應。

例 **碳酸氫鈉（白色）→碳酸鈉（白色）＋水＋二氧化碳**

氧化銀（黑色）→銀＋氧氣

❷ **電解**：物質通電後所引起的分解反應。

例 **水的電解　水→氧氣＋氫氣**

（陽極產生氧氣，陰極產生氫氣。體積比為1：2）

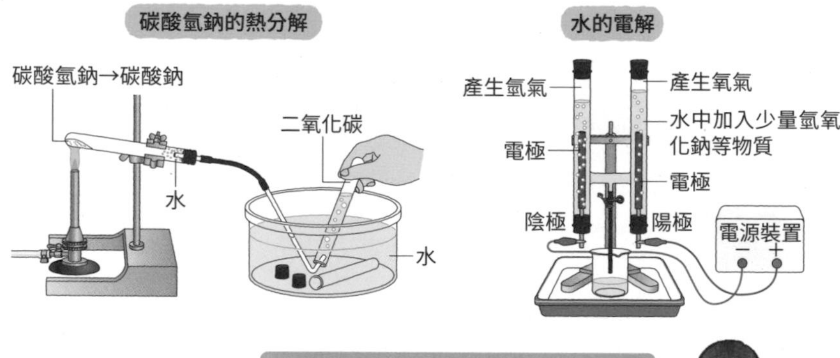

碳酸氫鈉難溶於水，呈弱鹼性；
碳酸鈉易溶於水，呈強鹼性。

電解水時，為了讓水溶液導電，需加入少量氫氧化鈉。

「原子」是什麼？

答案

構成一般物質的最小粒子。

氦原子的結構

電子（帶負電荷）
質子（帶正電荷）
原子核
中子

解說

原子是構成物質的基本單位，原子種類超過100種。

像氧氣、氫氣、水這種由數個原子結合而成，表現出化學性質的最小單位粒子，稱為**分子**。有些物質是由分子構成，有些則不是由分子構成。另外，構成物質的每一種原子，都是一種**元素**。

原子的結構：原子由原子核，以及在原子核周圍運動的電子所構成。

❶ **原子核**：由帶有正電荷的質子，與不帶電的中子所構成（質子與中子的質量幾乎相同）。

❷ **電子**：帶有負電荷的粒子（電子質量為中子的1/1840）。

元素符號：以一或兩個字母來表示元素。

例 氫原子→H、碳原子→C、鐵原子→Fe。

各種元素的代表符號

元素名稱	元素名稱	元素名稱	元素名稱
氫	H	鈉	Na
氦	He	鎂	Mg
碳	C	鋁	Al
氮	N	鉀	K
氧	O	鈣	Ca
氯	Cl	鐵	Fe
氬	Ar	銅	Cu
		銀	Ag

由分子構成的物質，以及不是由分子構成的物質

❶ **由分子構成的物質：**包括氧氣、氫氣、氮氣、氯氣、二氧化碳、水、氨等等。

❷ **不是由分子構成的物質：**包括氯化鈉、氫氧化鈉、金屬類等等。

由分子構成的物質

氧分子 氫分子 氯分子 二氧化碳分子

水分子 氨分子

不是由分子構成的物質

氯化鈉

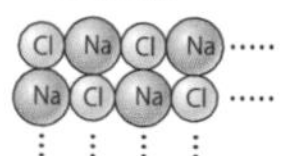

氫氧化鈉

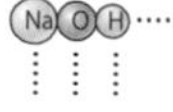

鐵等金屬

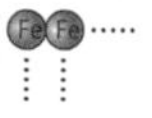

一個原子所擁有的質子個數，為這個原子的原子序，決定了原子的種類。一個原子的質子數＝電子數！

將原子依照原子序排列，並依照性質整理成規律排列的表，就是所謂的元素週期表。

「單質」與「化合物」的差異在哪裡？

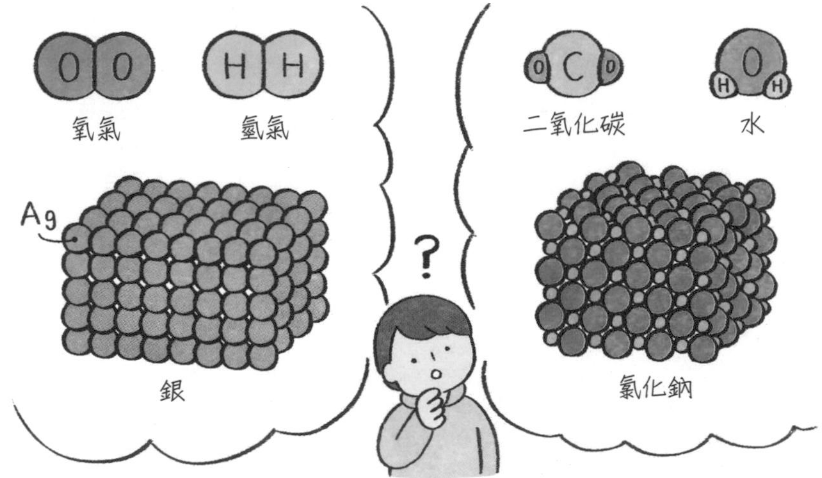

「氧氣、氫氣、銀」與「二氧化碳、水、氯化鈉」差別在哪裡呢……？

答案

單質是由單一種類元素構成的物質，**化合物是**由兩種以上的元素構成的物質。

解 說

構成物質的基本單位是原子。其中，如氧氣、氫氣、鐵等**由單一種類元素構成的物質，稱為單質**；如二氧化碳、水、氨等**由兩種以上之元素構成的物質，稱為化合物**。

物質的分類：由單一固定性質的物質構成的東西，稱為**純物質**；由兩種以上之物質任意混合而成的東西，稱為**混合物**。純物質可再分成**單質**與**化合物**。

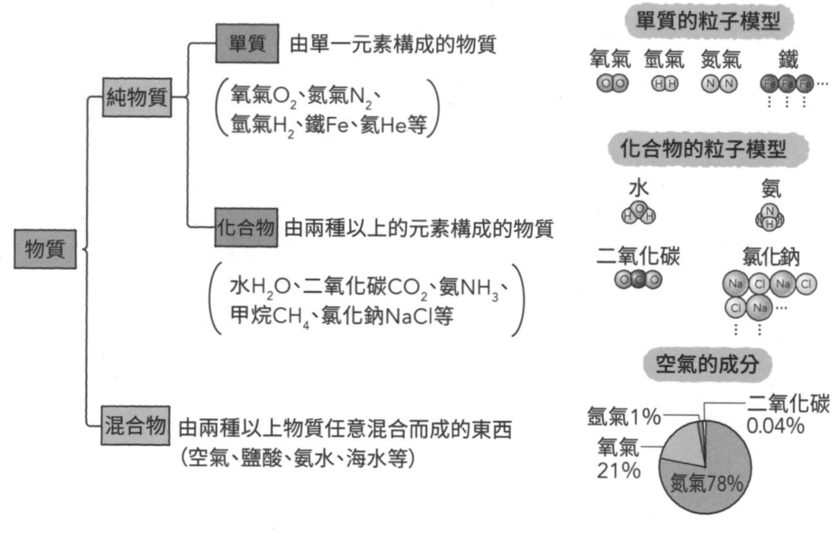

鹽酸是氯化氫溶解在水中所形成的水溶液，所以是混合物！

 用化學式來描述物質，就能輕易區分出單質與混合物。

「化學反應式」是用來表示什麼？

答案

以化學式來表示反應物與生成物的式子。

解說

化學式是以**元素符號和數字來表示特定物質**。而**利用化學式來表示反應物與生成物的式子**，則叫做**化學反應式**。**化學反應式中，反應前後的原子種類、數目必須相等**，所以會在各個化學式前加上係數。

化學反應式

$2H_2 + O_2 \rightarrow 2H_2O$

氫氣 ＋氧氣 ⟶ 水

化學反應（化學變化）：某種物質**轉變成另一種物質**的變化。譬如 A+B→C+D 的變化。

化學式：以元素符號和數字**表示物質**的式子。

化學反應式：以化學式**表示反應前後物質的式子**。反應前後的原子種類、數目必須相同。

各種化學式

氧氣	O_2	氦氣	He	氫氧化鈉	$NaOH$
氫氣	H_2	碳	C	氧化銅	CuO
氯氣	Cl_2	二氧化碳	CO_2	氧化鎂	MgO
鐵	Fe	水	H_2O	氧化銀	Ag_2O
銅	Cu	氨	NH_3	碳酸氫鈉	$NaHCO_3$
鋅	Zn	氯化氫	HCl	硫化亞鐵	FeS
銀	Ag	硫酸	H_2SO_4	氯化銅	$CuCl_2$

碳酸氫鈉的熱分解

$2NaHCO_3 \rightarrow Na_2CO_3+CO_2+H_2O$

氧化銀的熱分解

$2Ag_2O \rightarrow 4Ag+O_2$

碳元素的燃燒

$C+O_2 \rightarrow CO_2$

水→水蒸氣的狀態變化屬於物理變化，不屬於化學反應（化學變化）喔！

化學反應式的中間不是「＝」，而是「→」。

問題 12 化學

銅在空氣中經過強力加熱後，為什麼會變黑？

答案

因為銅會與空氣中的氧氣結合，轉變成另一種稱為氧化銅的物質。

解說

物質與氧氣結合的反應，稱為**氧化**。銅、鐵、鎂在空氣中強力加熱後，分別會形成氧化銅、氧化鐵，氧化鎂。物質氧化後的產物稱為氧化物，**質量比原來的物質還大**。

加熱銅的實驗

藥勺
銅粉
三角架
不鏽鋼盤
三腳架
本生燈

氧化：物質與氧結合的化學反應。

氧化物：氧化後生成的物質，與原來的物質不同。

例 銅 (Cu) 的導電度高，表面有光澤；但氧化銅 (CuO) 不導電，沒有光澤。

金屬的氧化

銅的氧化

$2Cu + O_2 \rightarrow 2CuO$（黑色）
4g ： 1g ： 5g

鎂的氧化

$2Mg + O_2 \rightarrow 2MgO$（灰白色）
3g ： 2g ： 5g

碳與氫的氧化

碳的氧化（完全燃燒）

$C + O_2 \rightarrow CO_2$（氣體）
3g ： 8g ： 11g

氫的氧化

$2H_2 + O_2 \rightarrow 2H_2O$
1g ： 8g ： 9g

※若能把質量比記起來，考試作答會方便許多。

物質與氧劇烈反應結合，並釋放出熱與光的氧化過程，稱為燃燒。

碳若不完全燃燒，會產生對人體有害的一氧化碳。

為什麼老舊的硬幣用醋浸泡過後，會變回閃亮的硬幣？

答案

因為在硬幣表面，金屬氧化物的氧元素被去除，回復原本的金屬，所以變回閃亮的硬幣。

解說

氧化物的氧原子被去除的反應，稱為**還原**。老舊1元硬幣的銅已被氧化，成了氧化銅；但透過浸泡在醋裡，可以去除氧化銅的氧原子，還原成閃亮亮的硬幣。

另一方面，氧化物被還原時，帶走氧的物質會被氧化。換句話說，**氧化與還原是同時發生的反應**。

還原：氧化物的氧被去除的反應。

氧化與還原：氧化與還原同時產生（**氧化還原反應**）。

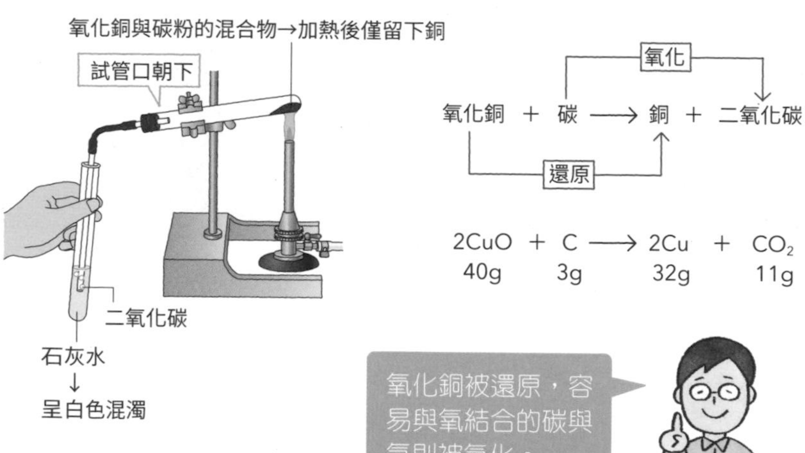

氧化銅與氫混合加熱後，會產生銅與水。

問題 14 化學

物質的質量在化學變化前後，會有什麼改變？

答案

化學變化前後，物質的總質量不會改變。

解說

「化學變化前後，物質的總質量不會改變」，這稱為**質量守恆定律**。製備氣體的化學反應中，當生成了「多少」質量的氣體，那麼反應後的產物質量就會比反應前減少了「多少」。如果是在密閉容器內反應，那麼反應生成的氣體就會被關在容器內，所以可測量出**反應前後的質量沒有改變**。

質量守恆定律：化學變化前後，物質的總質量不會改變的定律。

例 $2Cu + O_2 \rightarrow 2CuO$　　$2CuO + C \rightarrow 2Cu + CO_2$

$4g + 1g \rightarrow 5g$　　$40g + 3g \rightarrow 32g + 11g$

會產生沉澱的反應

例 硫酸＋氫氧化鋇→水＋硫酸鋇

$H_2SO_4 + Ba(OH)_2 \rightarrow 2H_2O + BaSO_4$（白色沉澱）

會產生氣體的反應

例 碳酸氫鈉 ＋氯化氫→ 氯化鈉＋ 水 ＋ 二氧化碳

$NaHCO_3 + HCl \rightarrow NaCl + H_2O + CO_2$（氣體）

製備氣體的反應中，「反應前總質量－反應後總質量＝生成氣體的質量」！

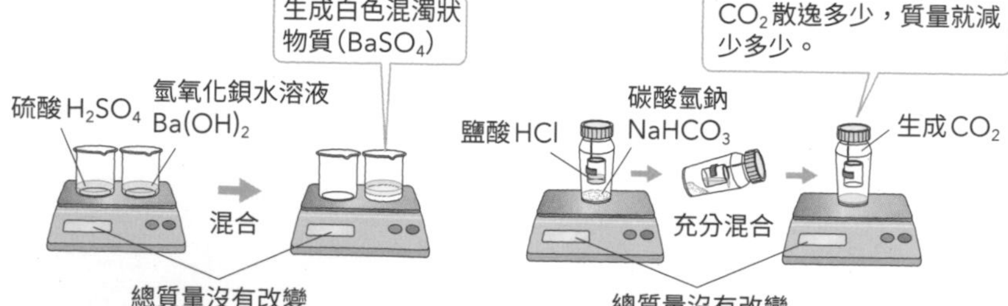

即使是氣態→液態的狀態變化，質量也守恆（體積則會改變）。

拋棄式暖暖包的發熱原理？

事實上這是化學反應！你知道為什麼嗎？

答案

這是暖暖包中的鐵轉變成氧化鐵的化學反應，會產生熱。

解說

拋棄式暖暖包的內容物是鐵粉、食鹽、碎石粉、活性碳等的混合粉末。**鐵粉接觸到空氣後會與其中的氧氣結合，形成氧化鐵，然後發熱**。化學反應中，釋出熱能至周圍的反應稱為**放熱反應**。

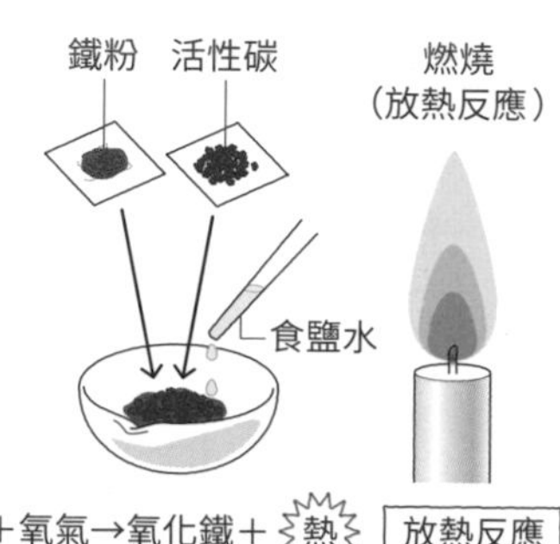

放熱反應：釋放熱能至周圍的反應（使周圍溫度上升）。

例 **鐵＋氧氣→氧化鐵＋㊚熱**

氯化氫＋氫氧化鈉→水＋氯化鈉＋熱（中和反應）

吸熱反應：吸取周圍熱能的反應（使周圍溫度下降）。

例 **氯化銨＋氫氧化鋇＋熱→氯化鋇＋水＋氨氣**

化學能：物質內部化學結構具有的能量。

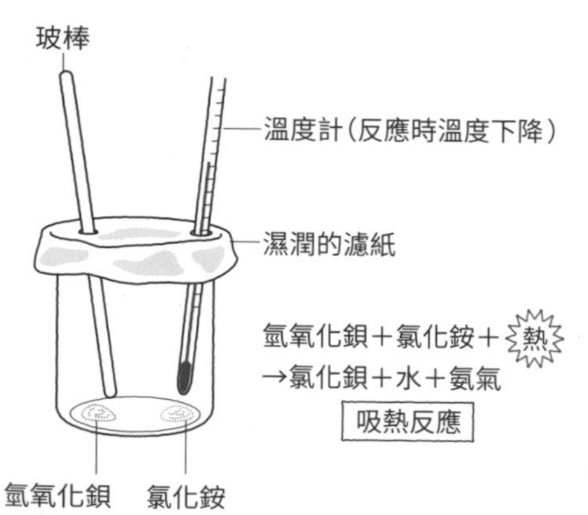

酸與鹼的反應稱為中和反應，屬於放熱反應。

放熱反應中，生成物的化學能總和，小於反應物的化學能總和（吸熱反應則相反）。

問題 16 化學

「離子」是什麼？

答案

帶正電荷或負電荷的原子或原子團※。

※由數個原子構成的集合體。

解說

原子內，原子核的**質子**帶正電荷，原子核周圍則有帶負電荷的**電子**。若有電子離開原子，該原子會**轉變成帶正電荷的陽離子**；相反的，若有新的電子加入原子，這個原子則會轉變成**帶負電荷的陰離子**。

陽離子：原子失去電子後，所形成的帶正電荷粒子。

例 氫離子H^+、鉀離子K^+、鈉離子Na^+、鈣離子Ca^{2+}、鎂離子Mg^{2+}、鋁離子Al^{3+}。

陰離子：原子獲得新的電子後，所形成的帶負電荷粒子。

例 氯離子Cl^-、氧離子O^{2-}、硫離子S^{2-}。

多原子離子：由數個原子聚集而成的帶電荷粒子。

例 氫氧根離子OH^-、硫酸根離子SO_4^{2-}、硝酸根離子NO_3^-、醋酸根離子CH_3COO^-、碳酸根離子CO_3^{2-}、銨離子NH_4^+。

離子鍵：金屬與非金屬之間形成的化學鍵，連結陽離子與陰離子。

例 $Na^+ + Cl^- \rightarrow NaCl$（氯化鈉）、$Mg^{2+} + 2Cl^- \rightarrow MgCl_2$（氯化鎂）。

單原子離子

陽離子	
$H \rightarrow H^+ + ⊖$	氫離子
$Na \rightarrow Na^+ + ⊖$	鈉離子
$Mg \rightarrow Mg^{2+} + 2⊖$	鎂離子
$K \rightarrow K^+ + ⊖$	鉀離子
$Ca \rightarrow Ca^{2+} + 2⊖$	鈣離子

陰離子	
$Cl + ⊖ \rightarrow Cl^-$	氯離子
$O + 2⊖ \rightarrow O^{2-}$	氧離子
$S + 2⊖ \rightarrow S^{2-}$	硫離子

※⊖表示電子

多原子離子

OH^-	氫氧根離子
NO_3^-	硝酸根離子
CH_3COO^-	醋酸根離子
SO_4^{2-}	硫酸根離子
CO_3^{2-}	碳酸根離子
NH_4^+	銨離子

金屬原子轉變成離子時，會形成陽離子。

由於離子鍵的正負電荷彼此抵消，所以可讓陰陽離子彼此結合，形成離子化合物。

問題 17 化學

水接通電流後會發生什麼事？

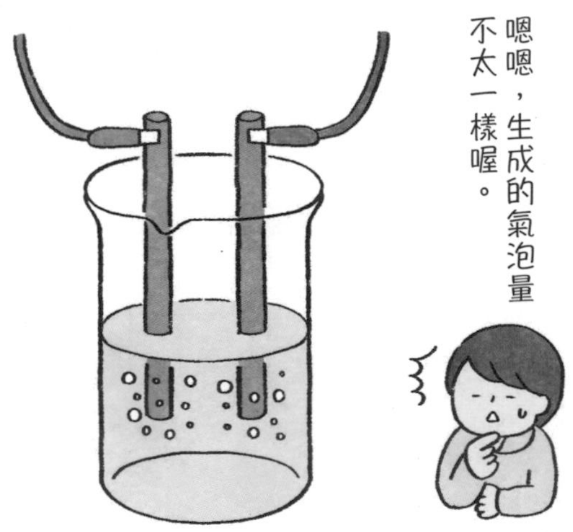

答案

陽極會產生氧氣，陰極會產生氫氣，**兩者體積比為1：2。**

水的電解

$2H_2O \rightarrow O_2 + 2H_2$

體積比　1 ： 2

解說

純水的導電能力較差，所以做通電實驗時會加入一些氫氧化鈉。通電後，正極端（陽極）會產生氧氣，負極端（陰極）會產生氫氣。也就是說，**水會分解成氧氣與氫氣**。通電後發生的物質分解反應，稱為**電解**。

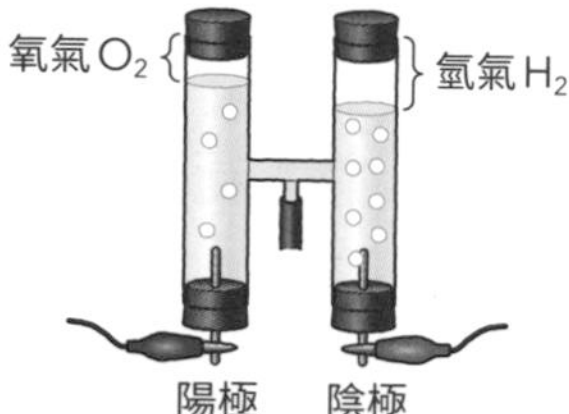

電解質：溶解在水中，使水溶液可以導電的物質。

例 **氯化鈉NaCl、氯化銅 $CuCl_2$、氫氧化鈉NaOH、氯化氫HCl**。

解離：溶液中的物質分解成陰離子與陽離子的過程。

例 **$NaCl \rightarrow Na^+ + Cl^-$、$NaOH \rightarrow Na^+ + OH^-$**。

非電解質：溶解在水中，水溶液並不會導電的物質。

例 **砂糖、乙醇、澱粉、葡萄糖、蒸餾水**。

電解：通電後產生的分解反應。

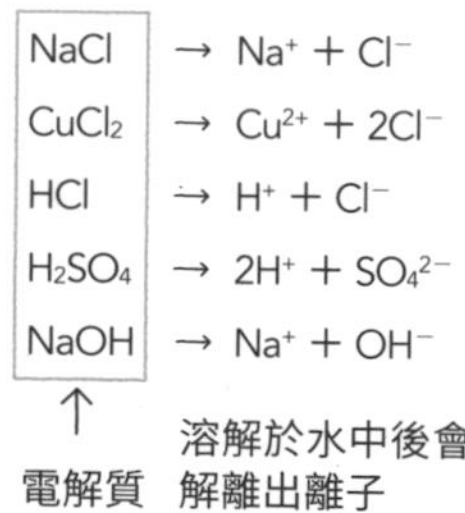

電解質	溶解於水中後會解離出離子
NaCl	$\rightarrow Na^+ + Cl^-$
$CuCl_2$	$\rightarrow Cu^{2+} + 2Cl^-$
HCl	$\rightarrow H^+ + Cl^-$
H_2SO_4	$\rightarrow 2H^+ + SO_4^{2-}$
NaOH	$\rightarrow Na^+ + OH^-$

氯化銅水溶液的電解

$CuCl_2 \rightarrow Cu^{2+} + 2Cl^-$

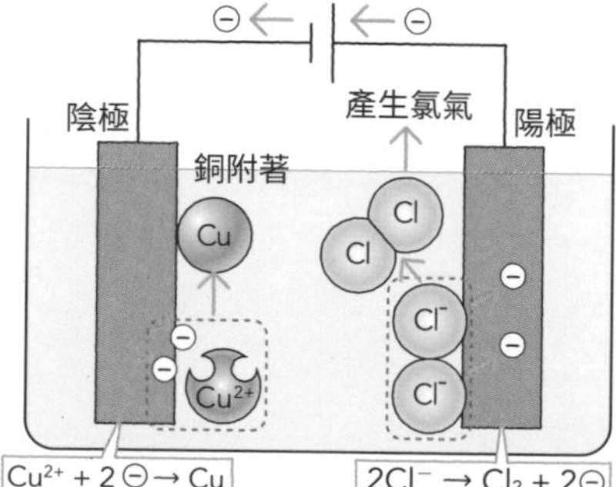

陰離子會在陽極釋出電子，陽離子會在陰極獲得電子。

陰離子在陽極釋出的電子，會經過導線往陰極端移動。

容易離子化的金屬有哪些？

答案

金屬離子化的難度由易到難的順序為K、Ca、Na、Mg、Al、Zn……

解說

所有金屬在離子化後，都會變成陽離子。變成陽離子的難度依金屬而異，稱為**離子化傾向**。譬如鋅(Zn)的離子化傾向比銅(Cu)還要高，所以當我們將鋅棒放入硫酸銅水溶液後，鋅會轉變成鋅離子，同時析出銅金屬。

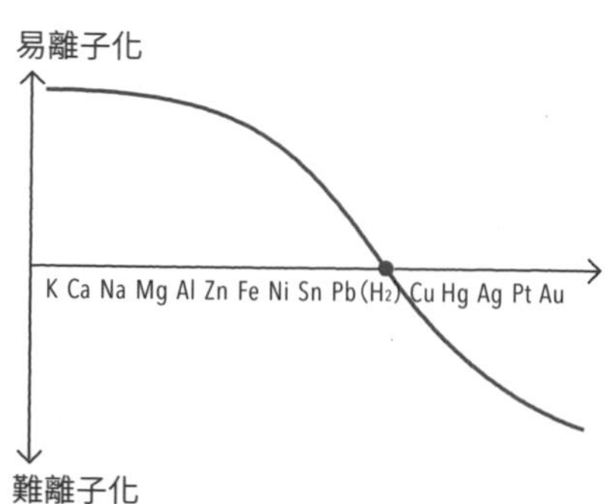

金屬的離子化傾向：金屬的離子化難度順序。

將鋅棒放入硫酸銅水溶液

$CuSO_4 + Zn \rightarrow ZnSO_4 + Cu$

→分子在水溶液中的解離過程

$CuSO_4 \rightarrow Cu^{2+} + SO_4^{2-}$

將銅棒放入硝酸銀水溶液

$2AgNO_3 + Cu \rightarrow Cu\ (NO_3)_2 + 2Ag$

$\rightarrow AgNO_3 \rightarrow Ag^+ + NO_3-$

將銀棒放入硫酸銅水溶液

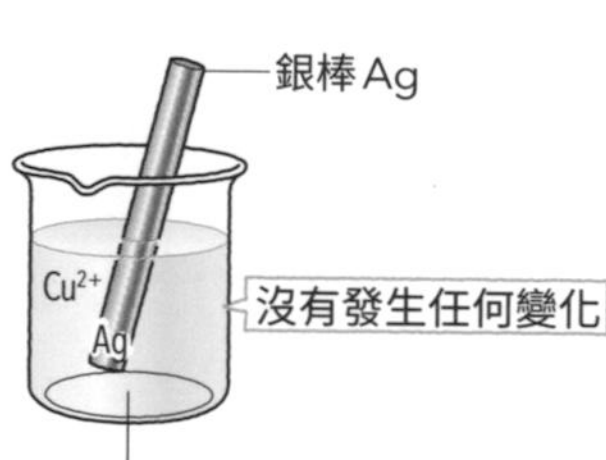

硫酸銅($CuSO_4$)水溶液

→銀(Ag)的離子化傾向比銅(Cu)還要低，所以沒有變化。

具有Cu^{2+}的溶液呈現藍色。

電池如何產生電力？

答案

使用兩種離子化傾向不同的金屬做為電極，並將電極浸泡在電解質溶液中。離子化傾向較高的金屬為負極（陰極），另一邊則是正極（陽極）。

解說

將鋅(Zn)與銅(Cu)兩種離子化傾向不同的金屬浸泡在鹽酸之類的電解質溶液中。鋅可做為電池的負極，釋放出自身的電子，轉變成鋅離子(Zn^{2+})，溶解在溶液中；銅則做為正極，將電子傳遞給氫離子，產生氫氣。以上發生了**電子的移動，而產生電力**。

伏打電池：正極：Cu｜電解液：硫酸｜負極：Zn

鋅銅電池：正極：Cu｜電解液：硫酸銅水溶液、硫酸鋅水溶液｜負極：Zn

一次電池：不可充電的電池。如乾電池、鈕扣電池等。

二次電池：可充電的電池。如鋰離子電池、鎳鎘電池、鉛蓄電池等。

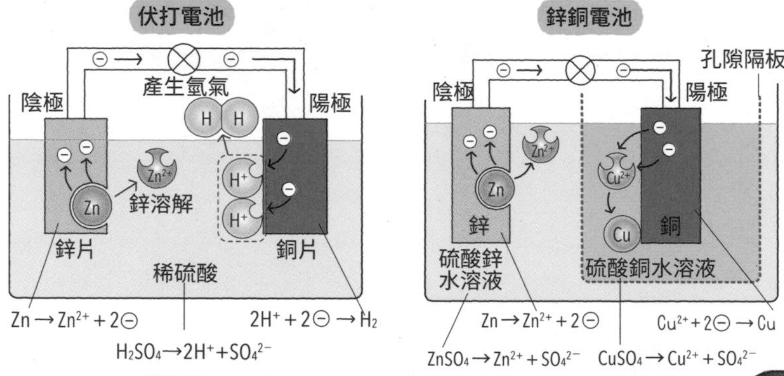

伏打電池的陽極會產生氫氣，因氣體覆蓋電極的影響，會使電壓降低。

 燃料電池可透過氫氣與氧氣的反應產生能量。

酸性水溶液與鹼性水溶液有什麼差別？

答案

酸性水溶液會讓藍色石蕊試紙轉變成紅色、讓溴瑞香草酚藍溶液轉變成黃色；鹼性水溶液會讓紅色石蕊試紙轉變成藍色、讓溴瑞香草酚藍溶液轉變成藍色。

解說

水溶液有三種酸鹼性質（**酸性、中性、鹼性**）。酸性水溶液大多嚐起來**酸酸的**，譬如檸檬汁；鹼性水溶液大多摸起來**有黏滑感**※。我們可以用石蕊試紙、溴瑞香草酚藍溶液等指示劑，檢驗水溶液的酸鹼性。

※有些溶液很危險，請勿任意舔舐、觸摸。

酸性、中性、鹼性的水溶液

溶質的狀態	酸性	中性	鹼性
固態	硼酸水 明礬水	氯化鈉水溶液 砂糖水 澱粉糊 葡萄糖液	氫氧化鈉水溶液 小蘇打水溶液 肥皂水 石灰水
液態	醋酸 硫酸 硝酸	酒精水溶液 蒸餾水	╳
氣態	碳酸水 鹽酸	╳	氨水

水溶液的酸鹼性：可分為酸性、中性、鹼性。

❶ **酸性水溶液**：鹽酸 HCl、硫酸 H_2SO_4、醋酸 CH_3COOH、碳酸水 H_2CO_3、檸檬汁等。

❷ **中性水溶液**：食鹽 $NaCl$、砂糖水、酒精水溶液等。

❸ **鹼性水溶液**：氫氧化鈉水溶液 $NaOH$、石灰水 $Ca(OH)_2$、氨水 NH_3 等。

指示劑：溴瑞香草酚藍溶液、石蕊試紙（藍色、紅色）、酚肽等。

指示劑顏色的變化

	酸性	中性	鹼性
藍色石蕊試紙	紅	藍	藍
紅色石蕊試紙	紅	紅	藍
溴瑞香草酚藍溶液	黃	綠	藍
酚肽	無	無	紅

※呼出氣體到溴瑞香草酚藍溶液裡，可調製成「綠色」溶液。

紫高麗菜汁也可以製作成酸鹼指示劑。

問題
21
化學

「pH〇〇」的數值有什麼意義？

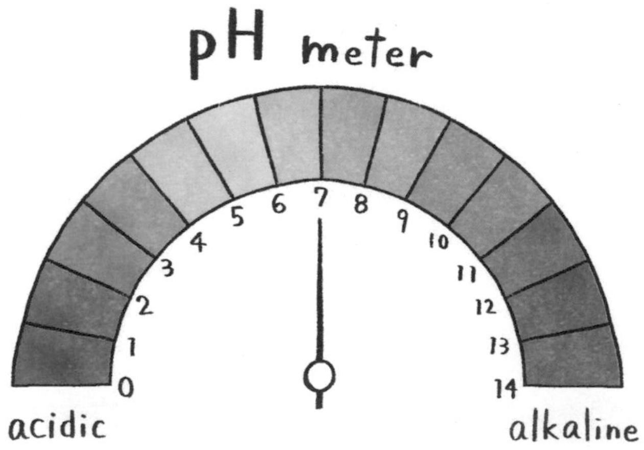

答案

表示水溶液的酸鹼度。

解說

水溶液的的酸鹼度可以用「**pH值**」表示，分為0～14的數值。**酸性水溶液的pH值小於7，鹼性水溶液的pH值大於7**。

pH0　1　2　3　4　5　6　7　8　9　10　11　12　13　14

鹽酸	醋酸	蒸餾水	氨水	氫氧化鈉水溶液
硫酸	碳酸水	澱粉糊	小蘇打水	

pH值是一種用來表示溶液中氫離子濃度的方式。

pH：以0～14的數字表示酸鹼性的程度。pH值愈小，溶液酸性就愈強；pH值愈大，溶液鹼性就愈強。中性時pH＝7。

酸性水溶液：溶質解離後會產生氫離子H^+的水溶液。

鹼性水溶液：溶質解離後會產生氫氧根離子OH^-的水溶液。

酸性水溶液中的物質解離

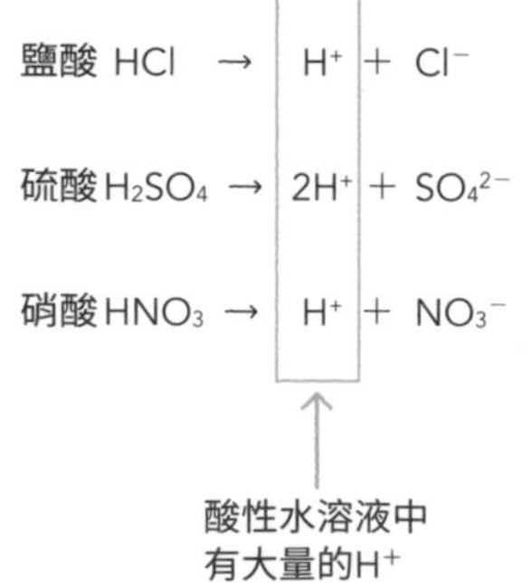

鹽酸 $HCl \rightarrow H^+ + Cl^-$

硫酸 $H_2SO_4 \rightarrow 2H^+ + SO_4^{2-}$

硝酸 $HNO_3 \rightarrow H^+ + NO_3^-$

酸性水溶液中有大量的H^+

鹼性水溶液中的物質解離

氫氧化鈉水溶液 $NaOH \rightarrow Na^+ + OH^-$

石灰水 $Ca(OH)_2 \rightarrow Ca^{2+} + 2OH^-$

氨水 $NH_3 + H_2O \rightarrow NH_4^+ + OH^-$（$NH_3 + H_2O$：氨水$NH_3(aq)$）

鹼性水溶液中有大量的OH^-

汽水等碳酸飲料、果汁、果醋，也是酸性液體。

問題 22 化學

「酸」與「鹼」混合在一起是什麼樣的反應？

將鹽酸（HCl）與氫氧化鈉（NaOH）混合在一起後，會發生什麼事呢？

答案

酸與鹼會產生中和反應並放熱。

解說

逐步混合酸性與鹼性水溶液，**當酸性的氫離子（H^+）與鹼性的氫氧根離子（OH^-）數量相同時，可得到中性水溶液**。這個過程稱為**中和反應**，反應當中，除了水以外的生成物稱為**鹽類**。

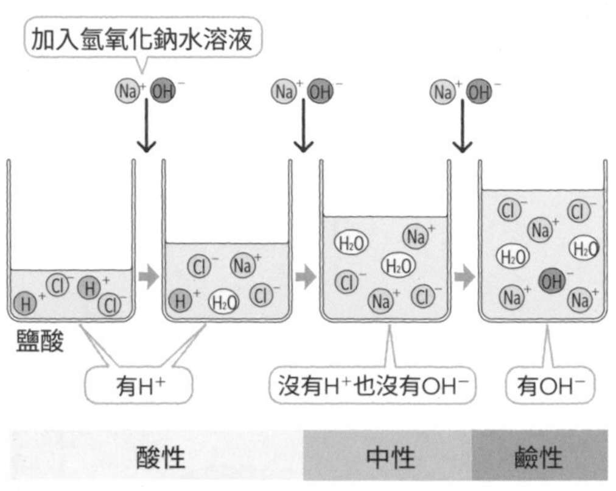

中和反應：酸與鹼的反應。酸＋鹼→水＋鹽。

完全中和：來自酸的氫離子與來自鹼的氫氧根離子數量相同的狀態（$H^+ + OH^- \rightarrow H_2O$）。

中和反應與放熱反應：中和反應為放熱反應。

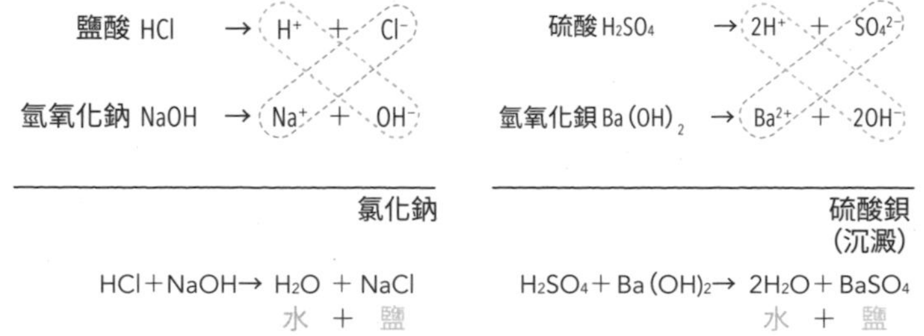

石蕊試紙之所以會變成紅色，是因為接觸到H^+；之所以變成藍色，是因為接觸到OH^-。

 石蕊試紙之所以會變成紅色，是因為接觸到H^+；之所以變成藍色，是因為接觸到OH^-。

問題 23 化學

為什麼吃下胃藥後，就能改善胃痛的症狀？

答案

因為胃藥會與胃分泌的胃酸產生中和反應。

解 說

吃太多食物的時候，胃會大量分泌胃酸，這就是胃痛的原因。服用胃藥之後，胃酸會與鹼性的胃藥產生**中和反應**，緩和胃痛症狀。

鹽：**酸與鹼產生中和反應後生成的物質**。有些會像氯化鈉那樣，在溶液中以離子的形式存在；有些則會像碳酸鈣或硫酸鋇那樣，陰陽離子結合成為沉澱物析出。

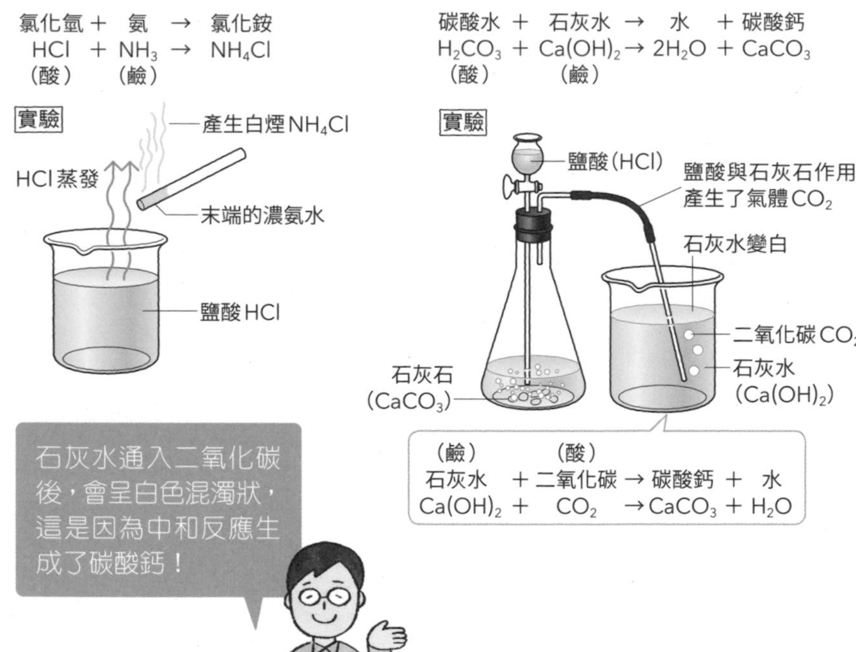

 中和反應生成的$CaCO_3$或$BaSO_4$等鹽類，幾乎不溶於水中。

問題 01 地球科學

高大的日本富士山如何形成？

答案

由於火山噴發時噴出的熔岩與火山灰堆積下來，經多次噴發與堆積後，便形成了高大的富士山。

解說

埋藏在地下的岩石熔化後形成的高溫液體，稱為**岩漿**。岩漿的溫度高達800℃～1400℃，在地底下承受著很大的壓力。若岩漿與周圍的岩石一起噴出地表，就是所謂的**噴發**。**火山噴發物**堆積下來，就會形成火山。**不同性質(黏度)的岩漿，會生成不同形狀的火山**。

火山氣體
火山彈
火山礫
火山灰
浮石
熔岩
岩漿
岩漿庫

以日本來說，噴發時的火山灰會受到偏西風(由西往東吹的風)的影響而分布在火山東側。

火山噴發物：包括火山氣體(氣體)、熔岩(液體)、火山灰(固體)、浮石(固體)等。

❶ **火山氣體**：主成分為水蒸氣，但另含有許多有害物質。

❷ **熔岩**：噴發出的高溫液體，可被周圍空氣冷卻成岩石。

❸ **火山灰**：噴發後暫時飄盪在高空的固態粉末，直徑在2mm以下。

❹ **浮石**：有許多小洞的石頭，會漂浮在水面上。

岩漿的黏度決定火山的形狀：岩漿的黏度愈大，噴發愈劇烈，形成的火山坡度愈險峻；黏度小的岩漿，噴發較溫和，形成的火山坡度較平緩。

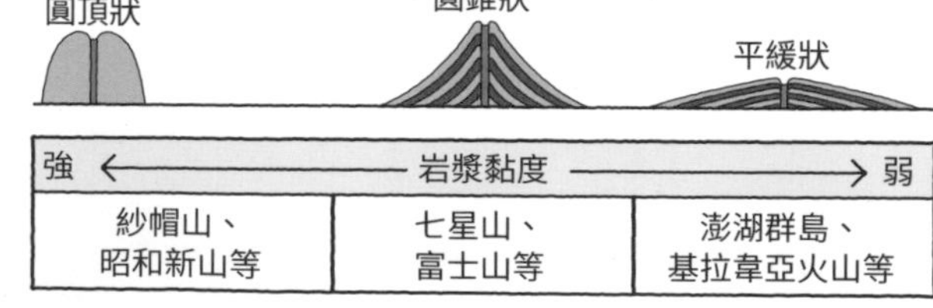

強 ← 岩漿黏度 → 弱		
紗帽山、昭和新山等	七星山、富士山等	澎湖群島、基拉韋亞火山等

 火山噴發出來的火山灰會遮蔽太陽光，常會造成寒害。

問題 02 地球科學

用於製作墓碑的花崗岩，表面的顆粒如何形成？

答案

這是高溫岩漿冷卻之後，結晶而成的礦物。

解說

火山岩　深成岩

石基
斑晶

斑狀組織　等粒狀組織

高溫岩漿冷卻後形成的岩石，稱為**火成岩**。火成岩**若在地表附近急速冷卻，稱為火山岩**；若在**地底深處緩慢冷卻，則稱為深成岩**。火成岩所形成的礦物可以分成**無色礦物**與**有色礦物**，礦物的種類與比例不同時，火成岩的狀況也不一樣。

火成岩：岩漿冷卻後形成的岩石。依照冷卻方式，可分成火山岩與深成岩。

❶ **深成岩**：構成岩石的礦物顆粒大且緊密結合（**等粒狀組織**）。顏色由淺到深可以分成**花崗岩**、**閃長岩**、**輝長岩**。

❷ **火山岩**：構成岩石的礦物顆粒大小不規則，由石基與斑晶構成（**斑狀組織**）。顏色由淺到深可以分成**流紋岩**、**安山岩**、**玄武岩**。

深成岩	花崗岩	閃長岩	輝長岩
火山岩	流紋岩	安山岩	玄武岩
整體色澤	偏白色←	中間	→偏黑色

造岩礦物的含量比例（%）
100
50
0
石英
長石
橄欖石
輝石
角閃石
黑雲母

無色礦物　有色礦物

礦物（造岩礦物）：構成火成岩的岩漿冷卻後形成的結晶，可分為無色礦物與有色礦物。

❶ **無色礦物**：包括透明且堅硬的**石英**，以及偏白色且容易沿特定方向斷裂的**長石**。

❷ **有色礦物**：黑雲母（黑）、角閃石（綠）、輝石（深綠）、橄欖石（淡綠色）。

火成岩的有色礦物比例愈高，看起來愈偏黑色！

 火成岩的記憶方式→深、花、閃、輝、火、流、安、玄。

山麓的「沖積扇」與河口附近的「三角洲」如何形成？

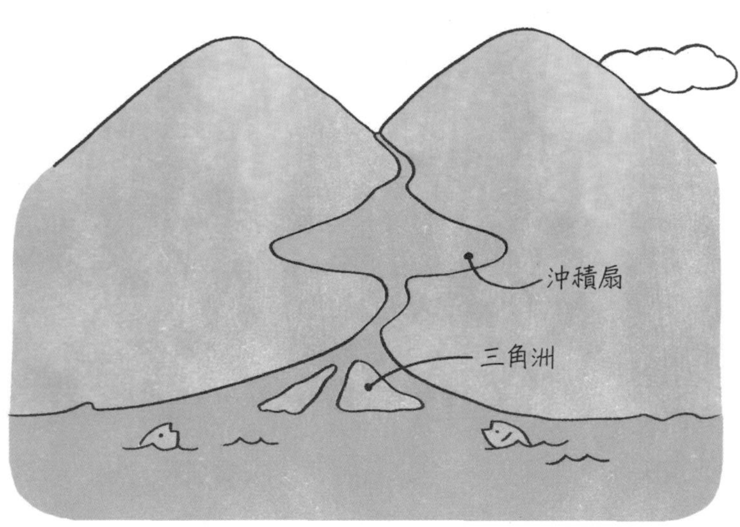

答案

河水可搬運砂土。到了流速較慢的山麓或河口時，這些砂土便會沉積下來。

解說

從河川上游搬運下來的砂土中包含許多顆粒，這些顆粒依大小可以分成**礫**（直徑２㎜以上）、**砂**（直徑 $\frac{1}{16}$ ㎜～２㎜）、**泥**（直徑 $\frac{1}{16}$ ㎜以下）。抵達流速較慢的山麓時，**以礫、砂為主的顆粒會沉積下來，形成沖積扇**。到了河口附近，**以泥為主的顆粒會沉積下來，形成三角洲**。

水流的三個作用：水流有三個作用，分別是削去砂石（**侵蝕作用**）、搬運砂石（**搬運作用**）、堆積砂石（**沉積作用**）。

❶ **侵蝕作用、搬運作用**：盛行於流速較快的河段。

❷ **沉積作用**：盛行於流速較慢的河段。

搬運作用盛行於流量較大的河段。

水流造成的其他地形

❶ **V型谷**：可見於河川上游的深谷。因侵蝕作用造成。

❷ **河岸階地、海岸階地**：在河川或海洋侵蝕、隆起（土地抬升現象）的反覆作用下，形成的階梯狀地形。

V型谷

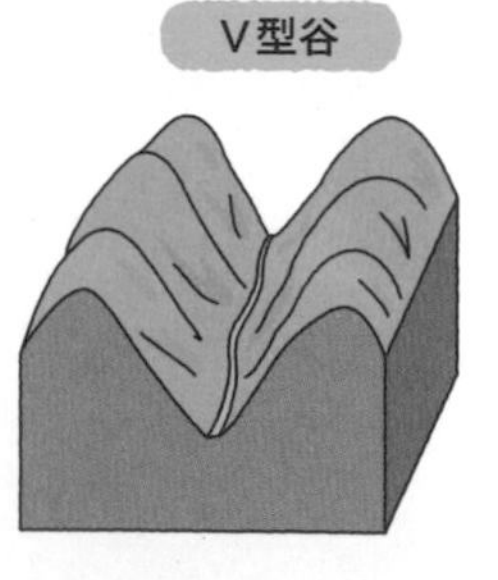

河岸階地

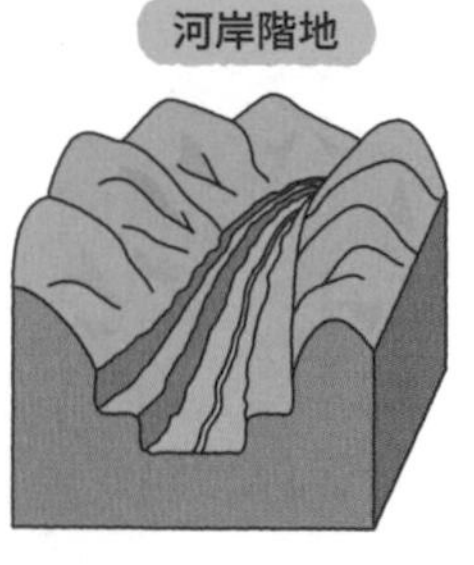

海岸階地

沉積在沖積扇的顆粒，以礫與砂為主，排水能力佳，易形成地下水。

砂土從河川流到海洋後，接下來會如何？

答案

這些砂土會沉積在海底。砂土反覆堆積後會壓密固化，形成沉積岩。

解說

在河川上游被削下、搬運到下游的砂土，在**抵達河口附近時，會依照礫、砂、泥**的順序，沉積在海底。這些砂土在**經年累月的多次沉積後，會壓密固定，形成沉積岩**。

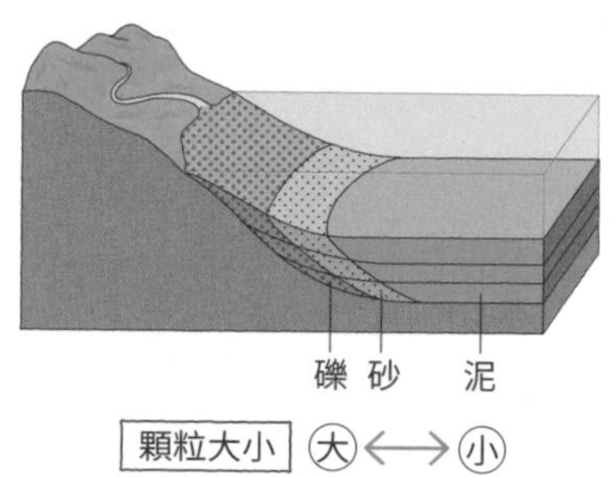

沉積岩：礫、砂、泥、生物遺體、火山灰等壓密固化而成的岩石。

❶ **沉積岩依照顆粒大小分類為**：礫岩、砂岩、泥岩。

❷ **生物遺體壓密固化後形成的沉積岩類別**：石灰岩（珊瑚的遺體）、燧石（矽藻的遺體）、煤炭（蕨類植物遺體）。

❸ **凝灰岩**：火山灰壓密固化後形成的岩石。有許多小孔洞。

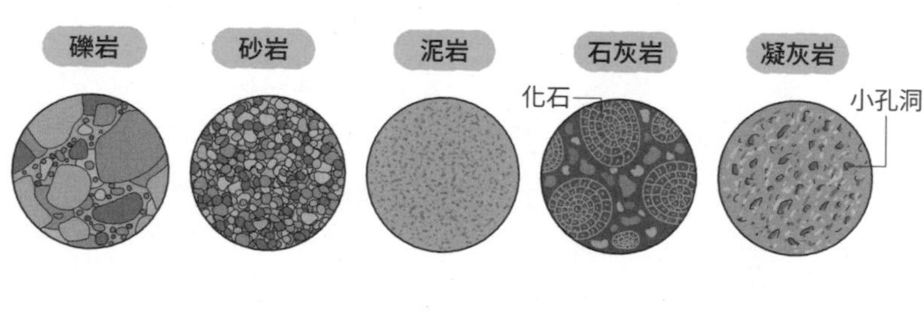

礫岩、砂岩、泥岩中，構成岩石的粒子皆經過流水的削磨，所以看起來比較圓滑。

 石灰岩與鹽酸反應後會產生二氧化碳。燧石可做為打火石使用。

條紋狀的地層如何形成？

答案

漫長歲月中，各種不同的砂土在海底沉積形成地層，後來隆起到地面上。

解說

河流搬運的砂土(礫、砂、泥等)沉積在海底，後來發生了陸地的隆起與沉降，**使上方沉積了不同種類的砂土**。**這個過程反覆發生，最後隆起出現在地面上**，成為我們看到的條紋狀地層。

隆起後，堆積在上方的砂土粒子，會比下層的砂土的粒子還要大。

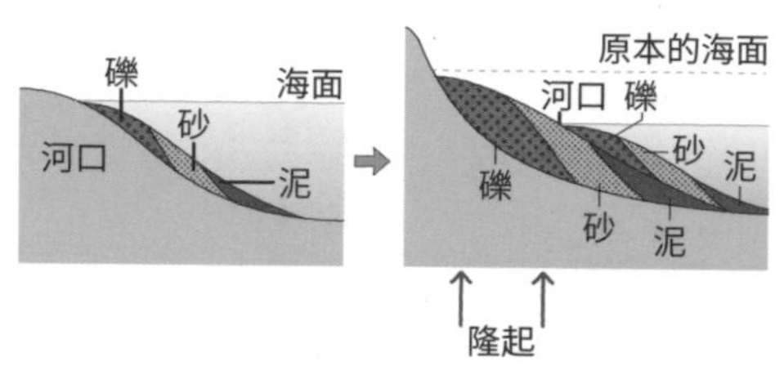

隆起與沉降：陸地抬升稱為**隆起**、陸地下陷稱為**沉降**。

斷層：來自左右方向的力量劇烈擠壓地層，使地層錯開後，形成的地形。

❶ **正斷層**：來自左右方向的**劇烈拉力**，會形成正斷層。

❷ **逆斷層**：來自左右方向的**劇烈推力**，會形成逆斷層。

褶皺：來自左右方向的**和緩推力**，會使地層扭曲成褶皺狀。

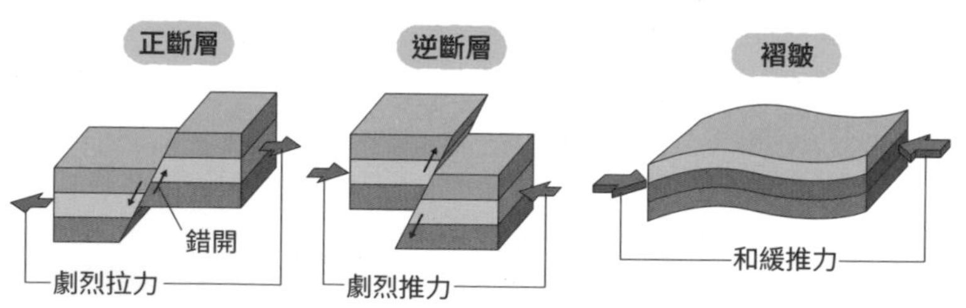

不只是陸地的隆起與沉降，海面的上升與下降也會形成地層。

恐龍與菊石的化石
可以告訴我們什麼？

答案

告訴我們，含有這些化石的岩石是在中生代形成的岩石。

解 說

古代生物的遺體埋在沉積物中，經長久歲月後形成岩石，這稱為化石。化石可分為用來推估岩石**地質年代**的**指準化石**，以及用來推估岩石形成時之環境的**指相化石**。

地質年代可以分成**古生代**(約5.4億～約2.5億年前)、**中生代**(約2.5億年～約6600萬年前)、**新生代**(約6600萬年前～現代)。

指準化石：在特定地質年代中大量繁衍的生物之化石。

❶ **古生代的代表性生物**：三葉蟲、紡錘蟲等。

❷ **中生代的代表性生物**：恐龍、菊石等。

❸ **新生代的代表性生物**：匯螺科、猛瑪象、諾氏古菱齒象等。

古生代	中生代	新生代
三葉蟲 紡錘蟲	恐龍 菊石	匯螺科 猛瑪象

有時候原本被認為已滅絕的生物，像腔棘魚等，就突然被發現存在活體！

指相化石：橫跨許多年代，卻只會在特定環境中生存的生物之化石。

❶ **珊瑚**：溫暖的淺海。

❷ **扇貝**：寒冷的海。

❸ **蜆**：淡水或河口(鹽分低的水)。

❹ **蛤蜊**：淺海。

❺ **樹葉**：森林或湖。

珊瑚

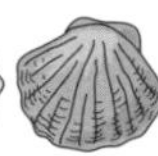
扇貝

菊石在中生代、三葉蟲在古生代的記憶方式→菊中、三古。

問題
07
地球
科學

地震時我們常會聽到「震度」、「規模」，兩者有什麼差異？

答案

震度指的是觀測點感受到的搖動程度，規模則是震源產生的能量大小。

解說

不同觀測點觀測到的震度也不一樣，**震度可分成0～7**(5、6各自還分出了強與弱)共10個等級。規模指的是震源的**能量大小**，**規模每差2.0，能量會差1000倍**(規模每差1.0，能量大約差32倍)。

震度

0、1、2、3、4、5弱、5強、6弱、6強、7

規模

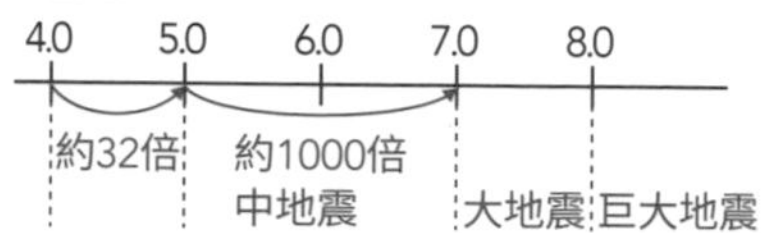

規模大，並不表示震度也很大，這點請特別注意！

震源：**地底下引發地震的位置**。

震央：**震源正上方的地表位置**。一般來說，地震發生時，震央是地表上最快接觸到地震波的位置。

震源距離：觀測點與震源之間的距離。

震央距離：觀測點與震央之間的距離。

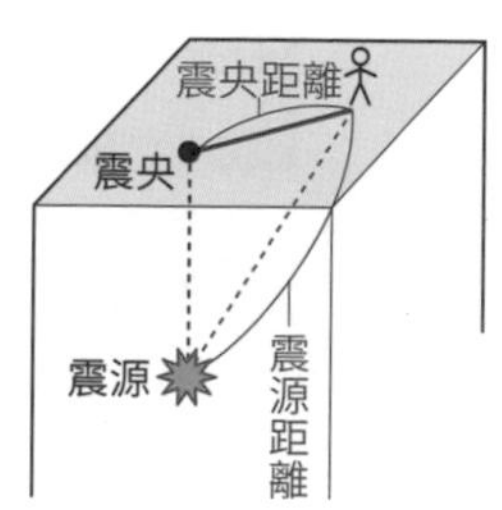

震度等級：依照人類的感覺、屋內屋外狀況，為地震強度分出的等級。

例 **震度7**：無法站立，只能在地面爬行。可能會被拋飛。

震度0：人類感覺不到搖晃，但地震儀可以偵測到地震(震度0不表示沒發生地震)。

震央與震源之間的距離，稱為「地震深度」，也是最短的震源距離。

為什麼我們能在地震前收到「地震速報」？

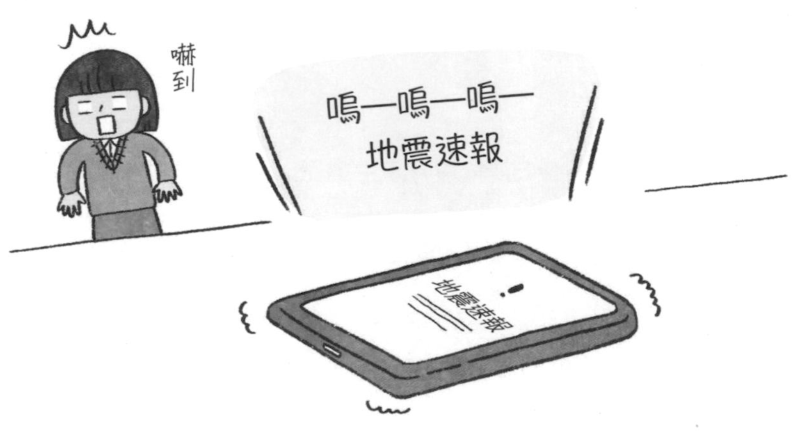

答案

靠近震源的地震儀感覺到搖晃較弱的P波，將這個訊息傳遞給中央氣象署，氣象署則在搖晃較強的S波抵達前發送出速報。

解說

發生地震時震源會產生兩種地震波，分別是**速度較快、搖晃較弱的P波，以及速度較慢、搖晃較強的S波**。地震速報會在地震儀感測到P波後、S波抵達之前的這段時間之內，傳送到民眾手機上。

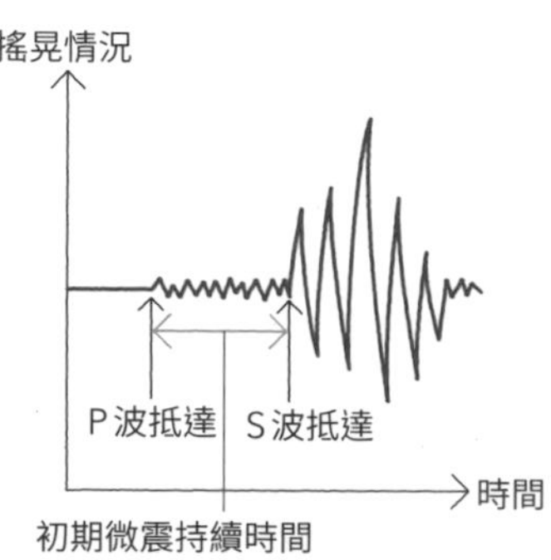

初期微震：地震時，僅P波抵達時產生的微弱搖動。

主要震動：地震時，S波抵達後產生的強烈搖動。

初期微震持續時間：地震時，從P波抵達到S波抵達所經過的時間。大致上與震源距離成正比。

振動方向
P波 → 快
S波 → 慢
振動方向

P波為縱波，速度約為8㎞/s；S波為橫波，速度約為4㎞/s（不同的地震，情況也略有差異）。

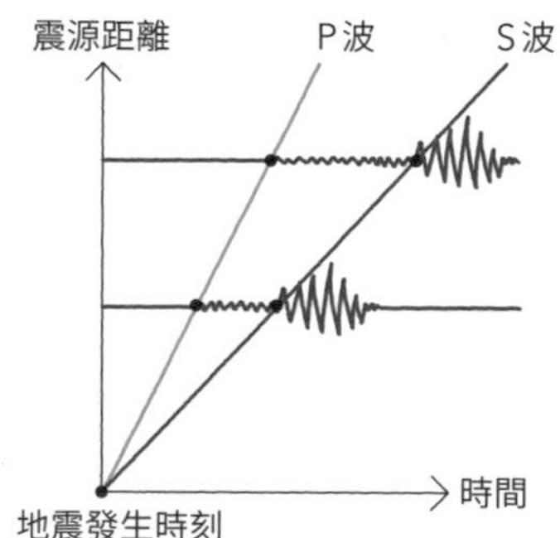

為什麼日本的地震那麼多？

日本地震那麼多，
是有原因的喔！

答案

因為日本列島位於形成大陸的大陸板塊，與形成海洋的海洋板塊之間的交界處。

解 說

日本列島位於**四個板塊的交界處**，這四個板塊分別是北美板塊、歐亞板塊等兩個大陸板塊，以及菲律賓海板塊、太平洋板塊等兩個海洋板塊。海洋板塊會移動並隱沒至大陸板塊的下方，所以**地震震源多分布在板塊交界處**。

編註　臺灣島上地震也很頻繁，因位於歐亞板塊和菲律賓海板塊的交界處。

海溝：大陸板塊與海洋板塊交界處的深谷。

中洋脊：板塊張裂處，會形成新的海洋地殼。

板塊交界處地震：在板塊的交界處，板塊遭破壞時引起的地震。可能會發生海嘯。

板塊內地震：大陸內部的震源所引起的地震。震源通常較淺。

發生在板塊交界處的地震，愈靠近大陸側的，震源愈深。

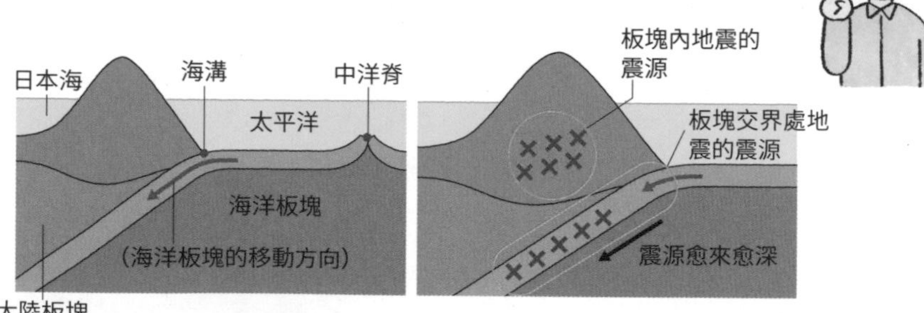

 地震造成的災害包括海嘯、土壤液化等現象。

問題
10
地球科學

為什麼濕度高的日子，衣物很難晾乾？

答案

因為空氣所能容納的新的水蒸氣量已經不多，所以衣物的水比較難蒸發。

解說

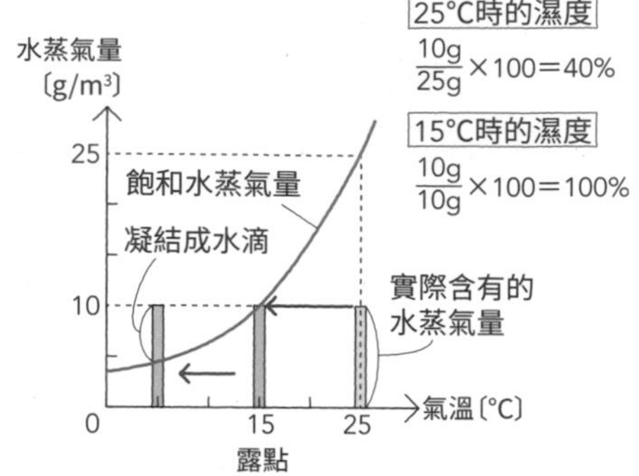

1m^3的空氣中可容納的水蒸氣最大量，稱為**飽和水蒸氣量**（單位為g/cm^3）。**溫度愈高，飽和水蒸氣量也愈高**。

設定某溫度下的飽和水蒸氣量為100%，此時1m^3的空氣中實際含有的水蒸氣量，以〔%〕表示，就是所謂的濕度。那麼此溫度下的濕度愈高時，空氣中可容納的新的水蒸氣量就愈少（濕度100%即無法再容納更多水蒸氣）。

濕度的公式：

$$\text{濕度〔\%〕}=\frac{\text{（此氣溫的1m}^3\text{空氣實際含有的水蒸氣量〔g/m}^3\text{〕）}}{\text{此氣溫下的飽和水蒸氣量〔g/m}^3\text{〕}}\times 100\text{〔\%〕}$$

乾濕計：測定濕度的裝置。讀取乾球溫度計與濕球溫度計所顯示的溫度，再由濕度表求出濕度。乾球的溫度≧濕球的溫度。

露點：空氣中的水蒸氣開始凝結成水滴的溫度。

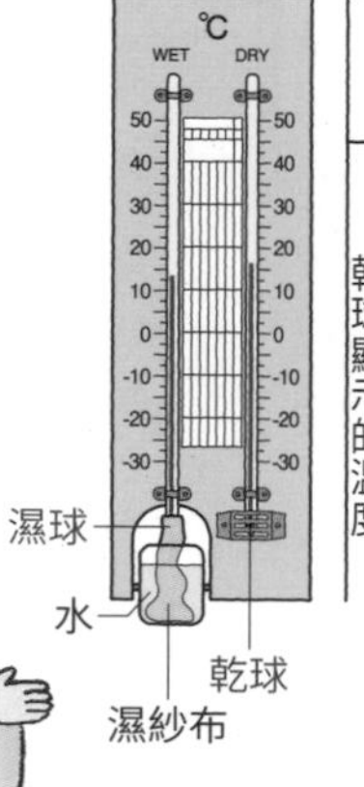

濕度表

乾球顯示的溫度 \ 乾球與濕球顯示的溫度差	0.0	0.5	1.0	1.5	2.0	2.5	3.0
19	100						
18	100	95	90	85	80	75	71
17	100	95	90	85	80	75	70
16	100	95	89	84	79	74	69
15	100	95	89	84	78	73	68
14	100						

氣溫：16°C，濕度：79%

乾球溫度計與濕球溫度計的溫度差愈大，濕度就愈低！

達到露點溫度時，濕度為100%。

雲如何形成？

答案

含有水蒸氣的空氣隨著上升氣流升到高處，當溫度下降到露點時，水蒸氣就會凝結成水滴或冰粒，聚集成雲。

解說

雲的形成需要**上升氣流**(往上流動的空氣)。**空氣上升時氣壓會下降，溫度也跟著下降**。當空氣溫度達到**露點**時，水蒸氣會轉變成水滴。若溫度繼續下降，則會形成冰粒。因為上升氣流持續作用，使雲浮在空中。

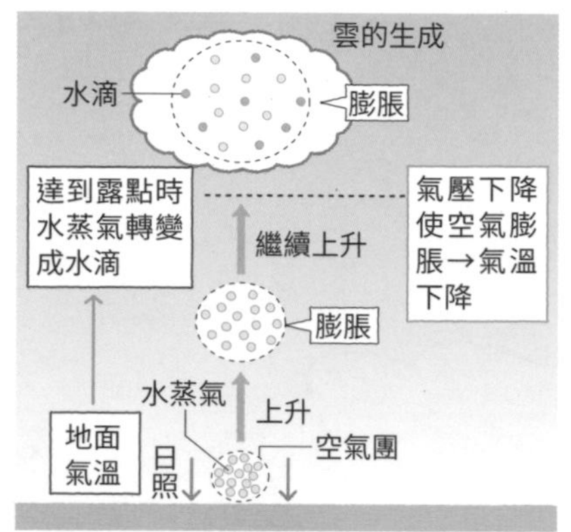

易產生上升氣流的地方包括山附近、低氣壓附近、鋒面附近等。

雲的種類：依照高度與發展方式，可將雲分成10種。

❶ **積雨雲**：縱向發展的雲，會造成小範圍內的暴雨。

❷ **雨層雲**：橫向發展的雲，會造成廣大範圍的小雨。

❸ **卷雲**：在很高的地方形成的雲，有著絲縷狀結構。

降水：雲中的小水滴會逐漸聚集，愈來愈大顆(變重)。當上升氣流無法支撐住雲的重量時，就會落到地表。

高空的水滴會以空氣中的塵埃為核心，聚集起來。

抵達高海拔地區時，為什麼洋芋片袋會膨脹？

山屋賣的泡麵包裝也會變得膨膨的喔。

答案

海拔愈高的地方，氣壓愈低，所以袋中的空氣會膨脹。

解說

物體的每個面都會受到來自大氣的垂直壓力，稱為**大氣壓力**。地球上的平均大氣壓力為**1大氣壓(約1atm，1013.25hPa)**。
海拔愈高的地方，氣壓愈低，周圍空氣對物體施加的壓力也愈小。

壓力〔Pa〕：每1㎡受到的推力〔N〕。
1 hPa＝100 Pa。

壓力公式：**壓力〔Pa〕＝受力面受到的力〔N〕÷受力面面積〔㎡〕**

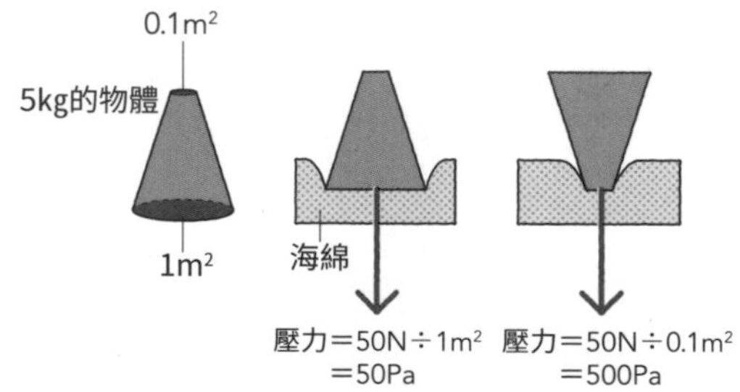

氣壓與水壓：大氣重量所產生的壓力，稱為**大氣壓力(氣壓)**；水的重量產生的壓力，稱為**水壓**。**海拔愈高的地方，大氣壓力愈低**。水深愈深的地方，水壓則愈高。

水中除了水壓之外，還要再加上大氣的壓力喔！

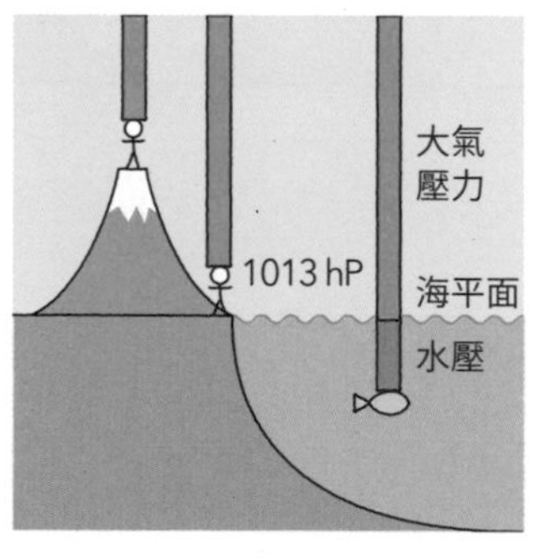

 水深10m的物體，承受的水壓相當於1大氣壓。

問題 13 地球科學

為什麼晴朗的白天時，風會從海洋往陸地吹？

答案

白天時，陸地溫度比海洋高，使海洋成為高氣壓，陸地成為低氣壓，所以風會從海洋往陸地吹。

解說

白天時，陸地溫度比海洋高；晚上時，海洋溫度比陸地高。**高溫地區的氣壓通常偏低，低溫地區的氣壓通常偏高。風會從高氣壓地區往低氣壓地區吹**，所以白天時風會從海洋往陸地吹，相反的，晚上時風會從陸地往海洋吹。

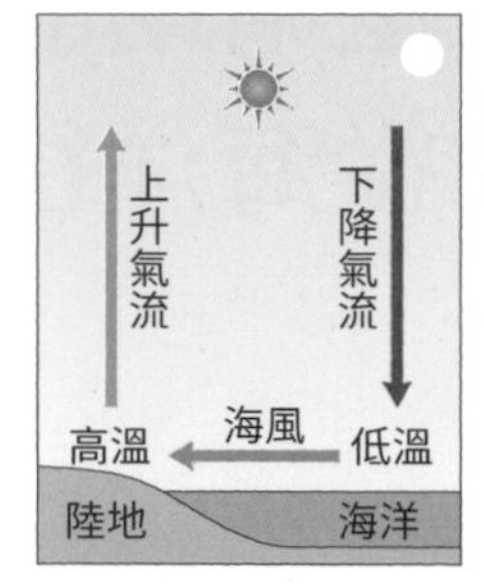

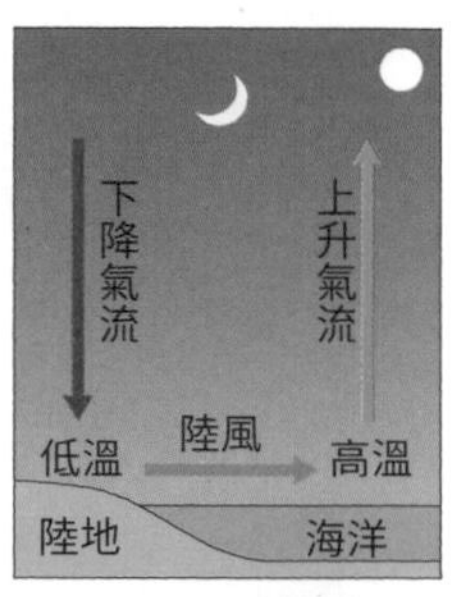

陸地為固態，所以容易加熱，也容易冷卻。

海風與陸風：白天從海洋往陸地吹的風稱為海風；晚上從陸地往海洋吹的風稱為陸風。

季風：原理與海風、陸風相同。臺灣夏季時會吹西南季風、冬季則會吹東北季風。

高氣壓：氣壓比周圍高的地區，易產生**下沉氣流**。從上方觀看時，會看到氣流**順時鐘**吹出。

低氣壓：氣壓比周圍低的地區，易產生**上升氣流**。從上方觀看時，會看到氣流**逆時鐘**吹入。

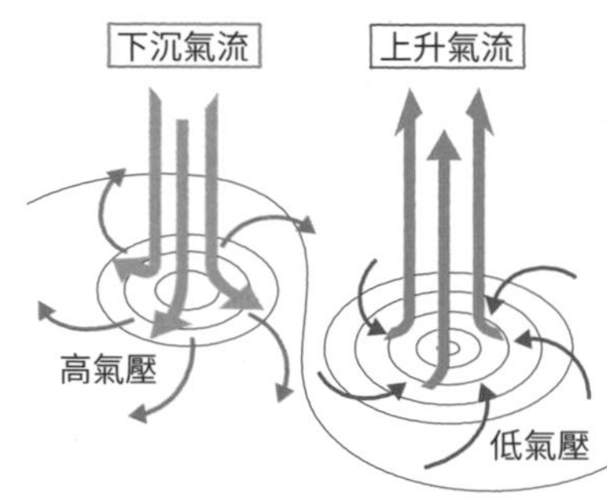

將氣壓相同的地點連成曲線，可得到等壓線（兩細線相差4 hPa，兩粗線相差20 hPa）。

問題 14 地球科學

為什麼日本每年都有梅雨期？

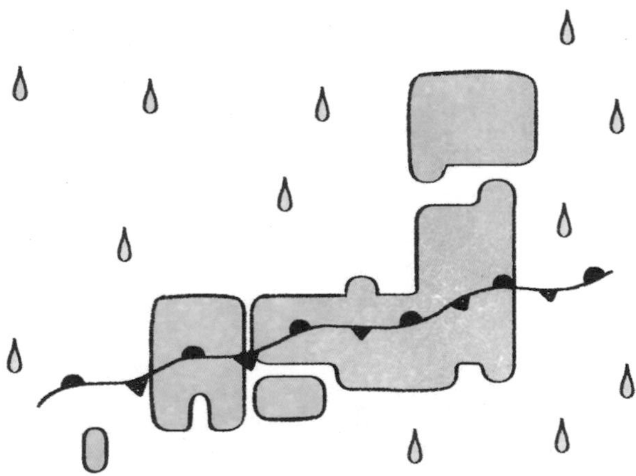

答案

當北方的鄂霍次克海氣團與南方的小笠原氣團勢力相當時，交界面的梅雨鋒面就會帶來梅雨。

解說

日本周圍有四種性質截然不同的氣團，到了梅雨時期（5月末～），**濕冷的鄂霍次克海氣團**與**濕熱的小笠原氣團**發展到一定勢力後，會在日本相遇。兩氣團交界面（鋒面）會形成發達的上升氣流與帶狀雲，這個帶狀雲會停滯一段時間，使當地持續著綿綿細雨的天氣。

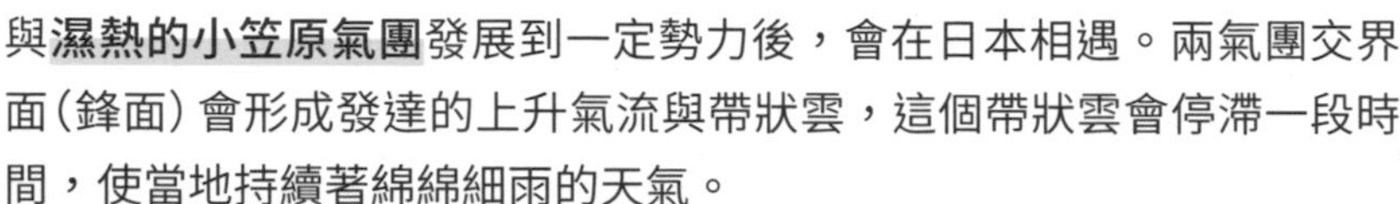

編註 臺灣的梅雨季大約在5至6月，由北方的暖氣團與南方的暖氣團互相抗衡所造成。

四大氣團：日本周圍有**鄂霍次克海氣團**（寒冷、潮濕）、**西伯利亞氣團**（寒冷、乾燥）、**揚子江氣團**（溫暖、乾燥）、**小笠原氣團**（溫暖、潮濕）等四個氣團。

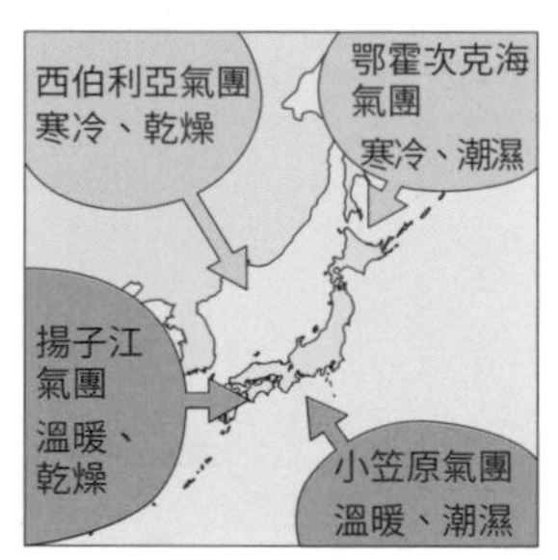

鋒面：暖空氣與冷空氣相遇時，交界面會形成**鋒面**。

❶ **冷鋒**：冷空氣勢力比暖空氣強。空氣會往正上方流動，形成**強烈上升氣流**，易形成**積雨雲**。

❷ **暖鋒**：暖空氣勢力比冷空氣強。會形成**溫和的上升氣流**，易形成**雨層雲**。

❸ **滯留鋒**：暖空氣與冷空氣的勢力相當，使鋒面停滯不移動（梅雨鋒面就是滯留鋒）。

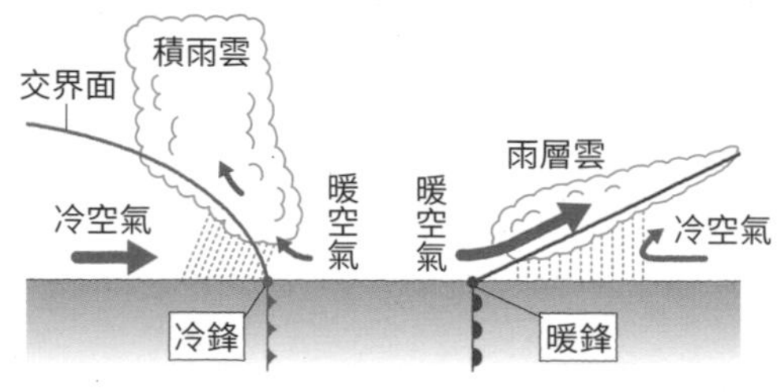

 不同季節時，不同氣團的勢力大小各不同，使一年中的天氣有各種變化。

問題 15 地球科學

為什麼日本冬天時，在日本海一側容易降雪？

日本的北陸地方在冬季時會下很多雪喔。

答案

冬天的西北季風會讓日本海側產生上升氣流，形成雲。

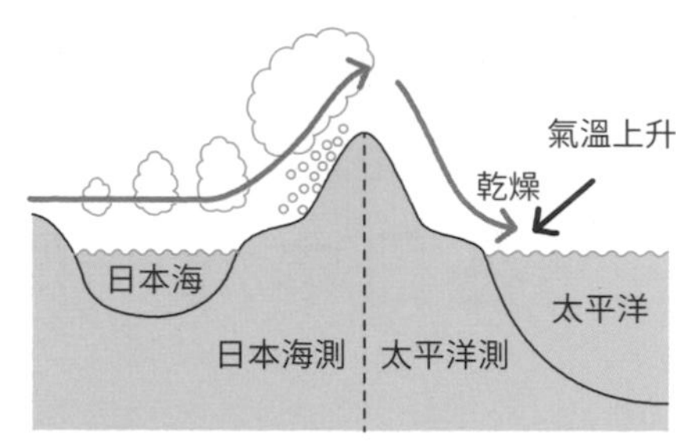

解 說

日本冬天時會吹起強烈的西北季風。這陣風含有大量來自日本海的水氣，在攀爬日本列島的山時會形成雲。因此，冬天的日本海側會降下大量雨雪，太平洋側則相對乾燥。

編註 1.**臺灣冬天時，平地吹東北季風**，在北部及東北部地區易降雨。
2.臺灣冬天的高山地區吹偏西風；在山岳東側形成較多積雪。

西伯利亞氣團：冬季時從歐亞大陸發展的乾冷氣團。

編註 臺灣的冬季天氣，也是受西伯利亞冷氣團帶來寒冷空氣影響，因為從中國大陸吹來，又稱為大陸冷氣團。

西高東低：冬季時，日本的西部為高氣壓，東部為低氣壓。

日本的冬日與真冬日

❶ **冬日**：一天中的**最低氣溫低於 0°C**的日子。

❷ **真冬日**：一天中的**最高氣溫低於 0°C**的日子。

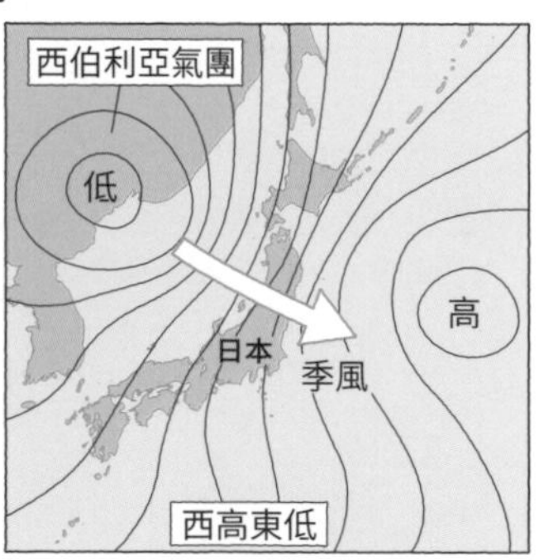

由衛星雲圖可以看出，冬天的日本海側易形成卷雲。

問題 16 地球科學

為什麼日本的夏天，位於太平洋一側特別悶熱？

答案

夏天的東南季風會讓太平洋側產生上升氣流，形成雲。

解 說

日本夏天會吹起溫和的東南季風。這種季風含有大量來自太平洋的水氣，在攀爬日本列島的山時會形成雲。因此，夏天的太平側多為高溫多雨、潮濕悶熱的天氣，日本海側則相對乾燥。

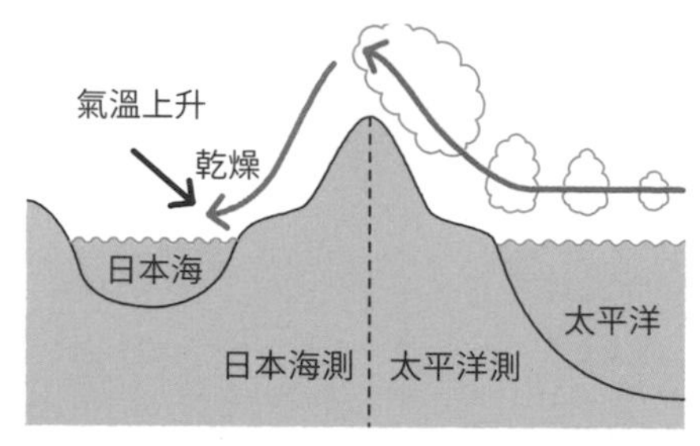

編註 **臺灣夏季吹西南季風**，中南部地區容易發生豪大雨。

小笠原氣團：位於太平洋高壓西側，在夏季時發展的濕熱氣團。

編註 臺灣的夏季氣候受太平洋高壓影響，吹溫暖潮濕的西南風。

南高北低：夏季時，日本的南部為高氣壓，北部為低氣壓。

日本的夏日、真夏日、猛暑日、熱帶夜

❶ **夏日**：一天中的**最高氣溫高於25°C**的日子。

❷ **真夏日**：一天中的**最高氣溫高於30°C**的日子。

❸ **猛暑日**：一天中的**最高氣溫高於35°C**的日子。

❹ **熱帶夜**：一天中的**最低氣溫高於25°C**的日子。

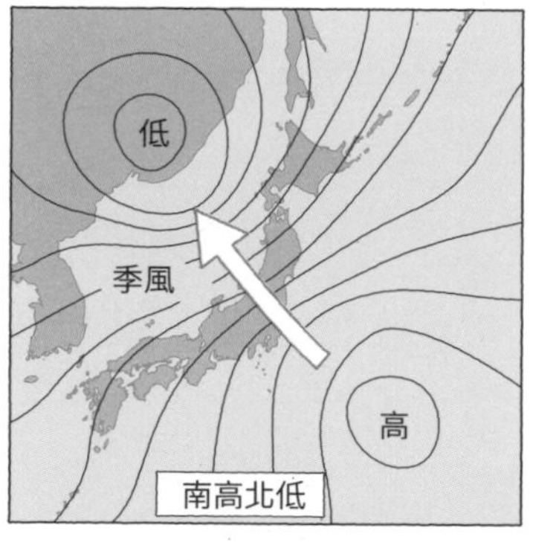

夏天的等壓線間隔較寬，所以風通常比較弱。

氣流撞上山坡、跨越山峰後，會變成乾燥的下降氣流，且溫度上升。這種現象稱為「焚風」。

問題 17 地球科學

為什麼9～10月之間，颱風會直撲日本？

秋天也是颱風季呢。

答案

颱風會沿著太平洋高壓北上，而在9～10月間，太平洋高壓勢力減弱時，位於氣壓邊緣的颱風就容易直撲日本。

解說

颱風是**風速在17.2m/秒以上(風力8以上)**的熱帶低氣壓。在赤道附近海面生成的熱帶低氣壓，勢力逐漸增強、北上，就形成颱風。到了日本附近，颱風會因為偏西風的關係改變路徑，沿著太平洋高壓西側的小笠原氣團的邊緣往東移動。當小笠原氣團開始減弱時(9～10月左右)，颱風就會直撲日本。

風向與風力：風向為風的來向。風力可分為0～12共13個等級。
偏西風：一年四季都在日本高空吹送的弱西風。
颱風造成的災害：包括大浪、洪水等。颱風前進方向的東側特別危險。

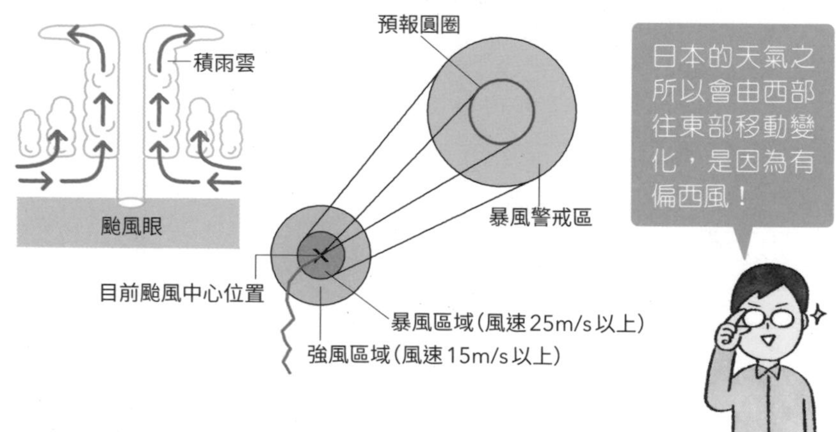

預報圓圈代表的是颱風中心的預測位置。

為什麼一天內分成白天與夜晚？

答案

因為地球會以地軸為中心，由西往東自轉（從北極點上方來看為逆時鐘旋轉），一天會自轉360°。

解說

地軸是地球的北極點與南極點連線。地球會**由西往東自轉，每天自轉約360°**。所以地球上的時間可以分成有陽光照射的時間帶（白天），與沒有陽光照射的時間帶（夜晚）。因為地球會自轉，所以**太陽看起來像是在一天內由東往西移動了360°**，不過這只是表面上看起來如此。同樣的，星星與月亮看起來也像是由東往西移動。

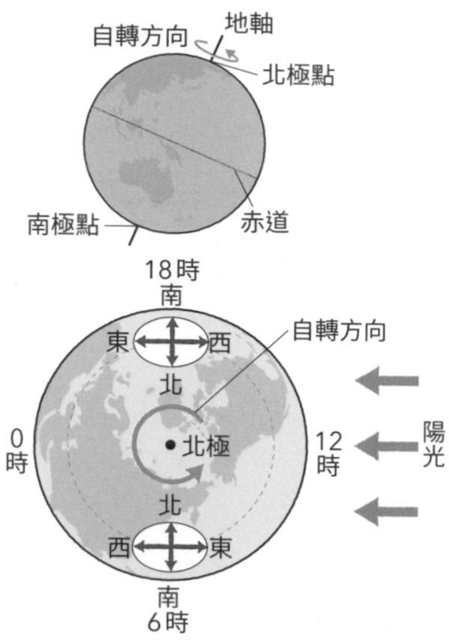

天體的周日運動：因為地球的自轉，天體看似會由東往西移動。一日內的這種運動，稱為周日運動。

天體的中天：在臺灣，太陽從東方升起後，會通過南方的天空，然後於西方落下。當太陽的高度（仰角）最高時就是所謂的**過中天**，這個時刻稱為**中天時間**，定為正午。

※中天時間＝（日出時間＋日沒時間）÷2

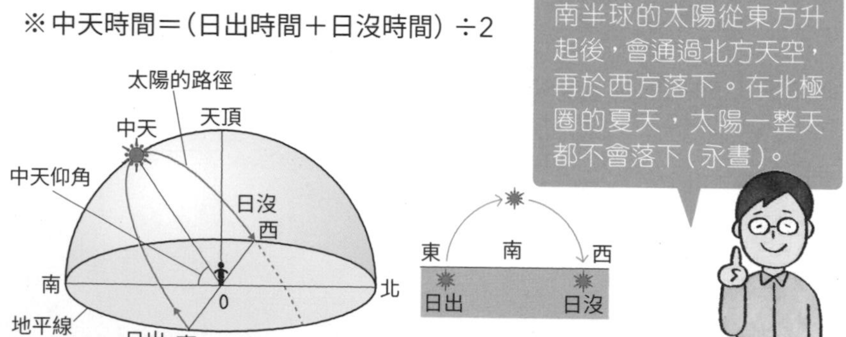

觀測地點愈往東，中天時間愈早（經度每往東1°就早4分鐘）。

為什麼不同季節的夜空會看到不同的星座？

答案

因為地球會繞著太陽，由西往東（從北極點上方來看為逆時鐘旋轉）公轉，一年會公轉360°。

解說

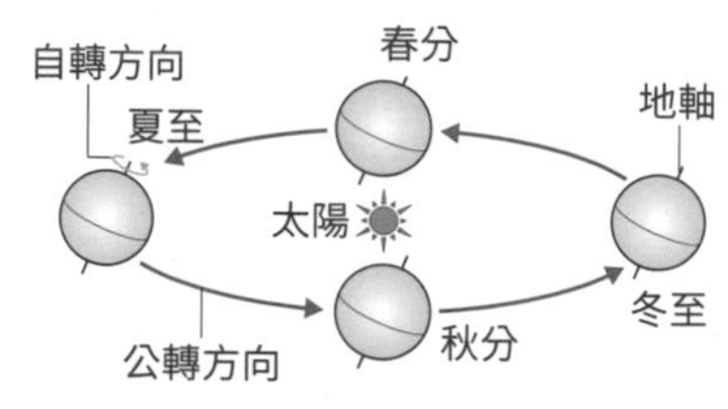

地球會繞著太陽，由西往東公轉，一年會公轉360°。因為這種公轉運動，使地球在不同季節時位於不同位置，晚上看到的星座也不一樣。白天的長度之所以會因為季節的不同而有所變化，是因為地軸與公轉面有66.6°的夾角。

天體的周年運動：因為地球的公轉，使天體看似繞著地球每年轉動一圈的現象。每隔一天，天體在同一時間的位置約移動1°。

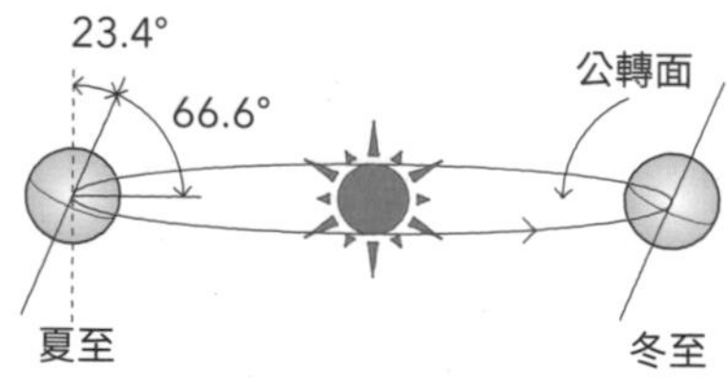

黃道十二星座：太陽看似繞著地球轉動，所以像是在各個星座間移動。太陽的路徑稱為**黃道**，黃道上的十二星座稱為**黃道十二星座**。

為什麼太陽在一年當中的運動狀況會不一樣：因為地球的地軸與公轉面有66.6°的夾角。季節不同時，白天長度也不一樣，也是這個原因。

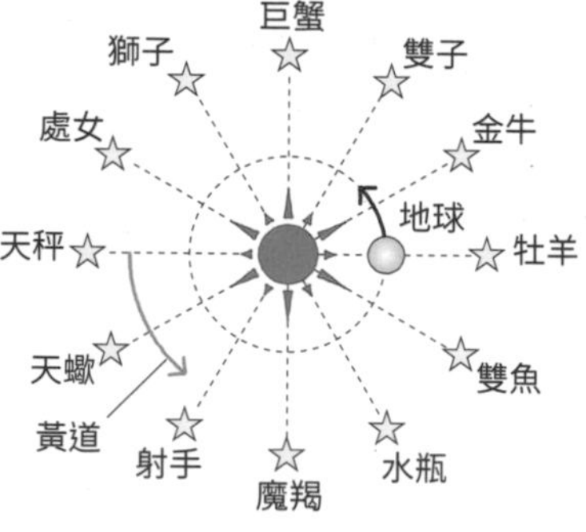

從春分日到秋分日，愈北的地區白天愈長；從秋分日到春分日，愈南邊的地區白天愈長。

 北極點側的地軸傾向太陽時，為夏至日。

問題 20 地球科學

從月面上看到的地球會是什麼樣子？地球又會如何運動？

從月球看地球的話……

答案

地球像月亮一樣會有盈虧，但不會移動。

解說

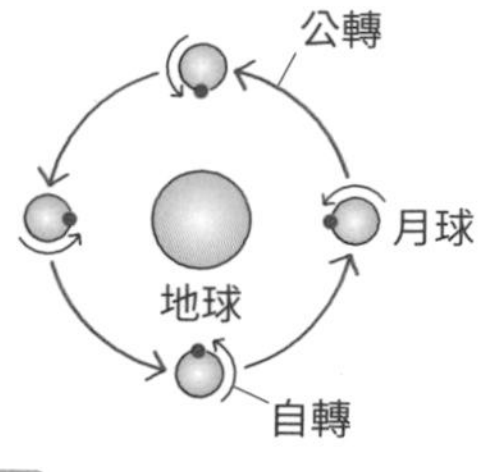

月球是**繞著地球公轉的衛星**，月球繞地球公轉一圈花費的天數（約27.3日）與自轉一圈花費的天數（約27.3日）相同，方向也相同，所以**月球一直以同一面朝向地球**，且**從月球看到的地球不會移動**。不過，**地球受陽光照射的部分會隨時間改變，所以可以看到地球有盈虧變化**。

月球的公轉週期是月球繞地球公轉一圈花費的時間，自轉週期則是月球自轉一圈花費的時間！兩者都是27.3日。

關於月球

❶ **與地球的距離**：約38萬km。

❷ **沒有水、沒有大氣**。

❸ **直徑**：約地球的四分之一（約3475km）

❹ **重力**：約地球的六分之一。

❺ **公轉週期、自轉週期**：兩者皆約27.3日。

❻ **隕石坑**：隕石撞擊所產生的凹陷。

❼ **月海**：月球表面因黑色岩石聚集，使顏色偏深的地方（偏白的部分則稱為月陸）。

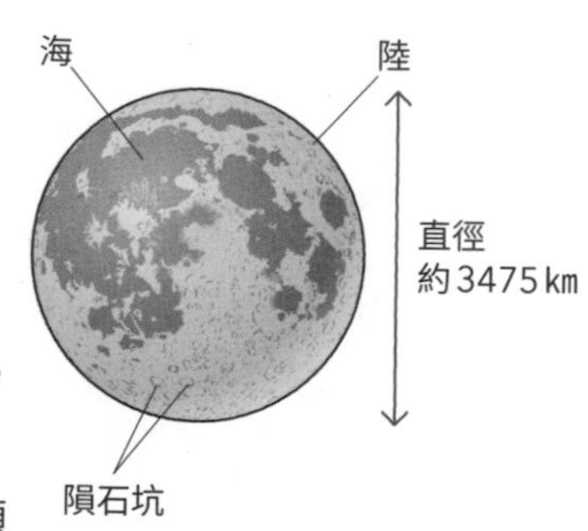

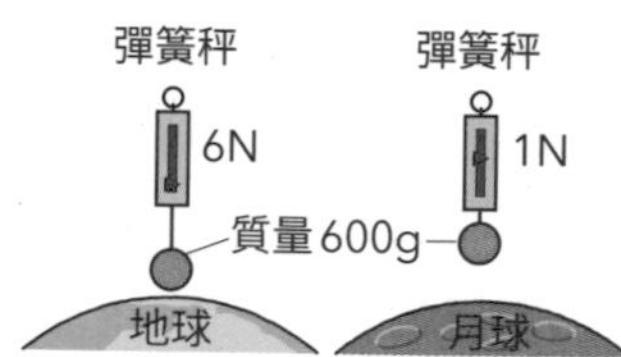

 火星、木星、土星等，也有著如月球般的衛星。

問題
21
地球科學

為什麼月出的時間會隨著日期的不同而有所改變？

答案

因為月球會繞著地球公轉，**所以**即使是同一地點同一時間，若是日期不同，看到的月亮方位也不一樣。

解說

從北極點上方觀看，可以看到月球繞著地球逆時鐘公轉。公轉週期為27.3日，所以**即使是同一地點同一時間，不同天看到的月亮也不一樣，而是有週期性變化**。從新月到下一次新月，中間會經過約29.5日。月亮每天的中天時間也不一樣。

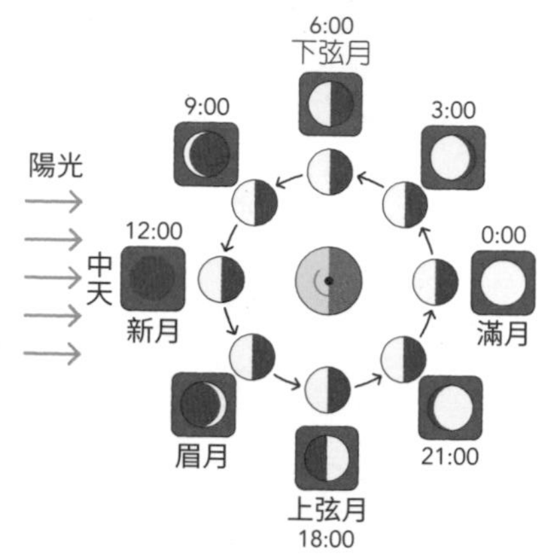

月的盈虧：地球上可見、月球反射陽光的區域會有週期性變化。

月的盈虧週期：從新月到下一次新月的天數，約為29.5日。

月的中天時間：每隔一天，中天時間約延後50分鐘。

日食與月食：**發生日食時必為新月，發生月食時必為滿月**。但不表示新月或滿月時，一定會發生日食或月食。

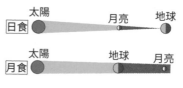

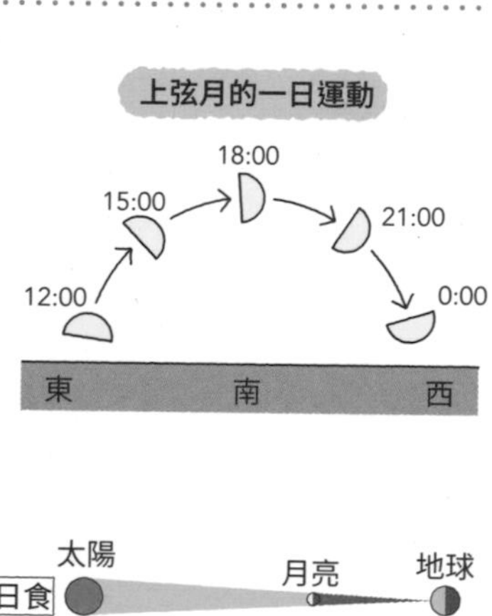

從新月到滿月約需15日，從滿月到下一個滿月約需30日！

 日食為太陽被月亮(新月)遮住的現象；月食為月球(滿月)被地球遮住的現象。

問題 22 地球科學

為什麼深夜時看不到金星？

答案

因為金星在地球軌道內側繞著太陽公轉，屬於內側行星。

解說

金星、地球這種繞著太陽公轉的行星，為**太陽系行星**。**金星的公轉軌道在地球內側（內側行星）**。從地球上來看，深夜時，金星與太陽都位在地球的另一面，所以地球上觀測不到金星。

內側行星與外側行星

❶ **內側行星**：公轉軌道在地球內側的行星。包括水星、金星。

❷ **外側行星**：公轉軌道在地球外側的行星。包括火星、木星、土星、天王星、海王星。

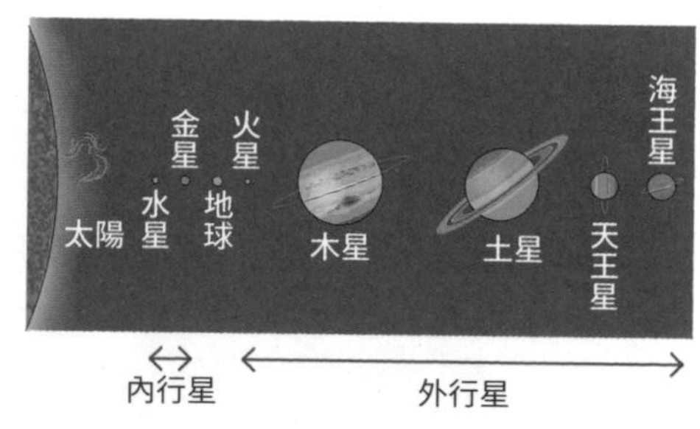

金星的盈虧：做為內側行星的金星，盈虧會有很大的變化。

❶ **啟明星**：黎明時出現於東方天空的金星。

❷ **長庚星**：黃昏時出現於西方天空的金星。

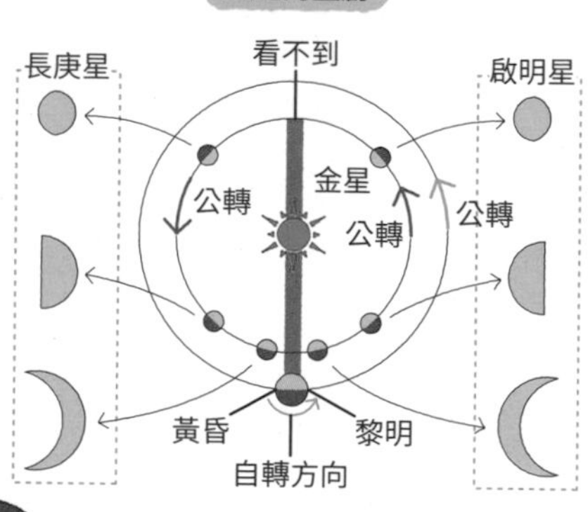

水星、金星、地球、火星皆為類地行星，密度較大。木星、土星、天王星、海王星則屬於類木行星（由氣體構成），密度較小。

 太陽系的行星中，最大的行星是木星。金星與地球差不多大。

問題
23
地球
科學

為什麼火星看起來紅紅的？

答案

因為火星表面多覆蓋著紅色的土或紅色的岩石。

解說

火星表面覆蓋著**含大量氧化鐵的紅土**。火星直徑約為地球一半，大氣非常稀薄，氣溫在-120°C～0°C間變動，是溫度變化十分劇烈的行星。火星是公轉軌道位於地球外側的行星，**地球的深夜可以觀察到火星**。

從地球上看到的火星：火星為**外側行星**，所以盈虧變化不像金星那麼大，不過在深夜中也能觀察到火星。

火星的公轉週期：地球的公轉週期為365天，火星的公轉週期較長，為687天。

火星的觀察

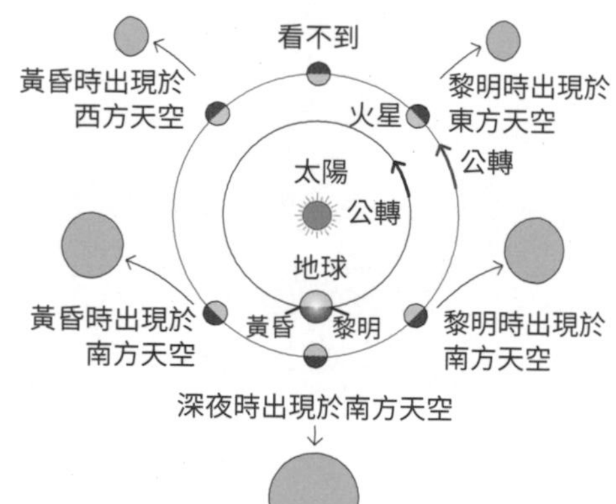

※雖然不會有很大的盈虧變化，不過從地球看到的火星大小，會隨著火星位置的不同(與地球的距離)而有很大的改變。

公轉軌道愈是外側的行星，公轉週期愈長！

 火星的大氣主成分為二氧化碳。

為什麼油菜花的花有花瓣，玉米的花卻沒有花瓣？

答案

因為油菜花是蟲媒花，玉米卻是風媒花。

解說

植物之所以開花，是為了結出種子。若要結出種子，必須讓雄蕊的花粉移動到雌蕊柱頭上授粉才行。授粉時，需要昆蟲或風來傳播花粉。像油菜花、向日葵等植物，**開的花有花瓣，由昆蟲傳播花粉**；像玉米等植物，**開的花沒有花瓣，則是由風傳播花粉**※。

※ 有些則是由鳥或水力傳播花粉。

花的四個構造：由內往外依序為雌蕊、雄蕊、花瓣、花萼。

被子植物：胚珠外有子房包圍的植物。

❶ **雙子葉類**：有兩枚子葉。

合瓣花：蒲公英、牽牛花、南瓜花等。

離瓣花：油菜花、櫻花、豌豆花等。

❷ **單子葉類**：有一枚子葉。如稻、鬱金香。

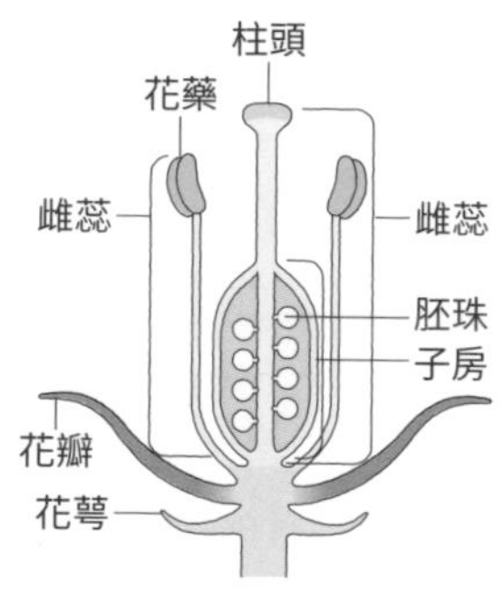

從授粉到結實：花粉粒在柱頭上授粉後，花粉會伸出花粉管，當花粉管內的精細胞抵達胚珠後，會使卵細胞受精。接著子房會發育成果實，胚珠則發育成種子。

雙子葉類

有兩枚子葉

合瓣花　離瓣花

牽牛花等　油菜花等

單子葉類

有一枚子葉

鬱金香等

有些植物開的花跟稻、玉米一樣，沒有花瓣與花萼。

菊科（蒲公英等）植物的花，常是由許多小花聚集而成。

問題 02 生物

松樹的花是指哪個部分？

答案

松樹會開雄花與雌花兩種花。枝條末端的紫紅色膨大部分為雌花（雌毬花），其基部的褐色穗狀部分則是雄花（雄毬花）。

解說

松樹的雌毬花與雄毬花內整齊排列著大量「**鱗片**」。雌毬花的鱗片內有**胚珠**，雄毬花的鱗片內則有**花粉囊**。當雄毬花製造的花粉接觸到雌毬花的胚珠，完成授粉後，便會發育成種子。

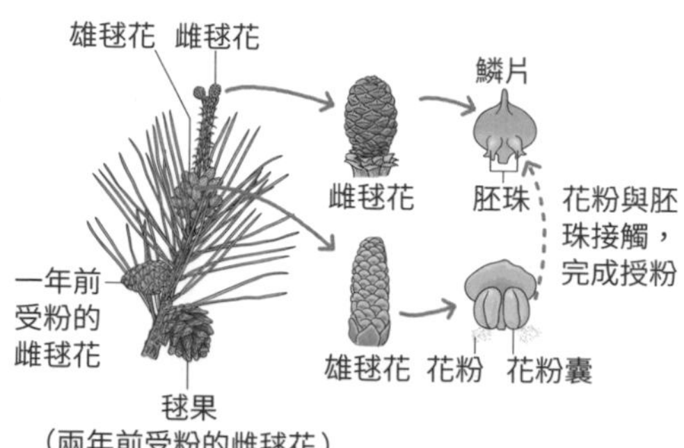

裸子植物：不具有子房，胚珠直接裸露於外的植物。

例 松、杉、銀杏、蘇鐵等。

裸子植物的花粉：裸子植物的花沒有花瓣，所以多是由風運送花粉。

種子植物：可用種子繁殖的植物，是被子植物與裸子植物的合稱。

- 種子植物
  - 被子植物
    - 雙子葉類
      - 合瓣花　蒲公英、牽牛花等
      - 離瓣花　油菜花、櫻花等
    - 單子葉類　稻、玉米、鬱金香等
  - 裸子植物　松、杉、銀杏、蘇鐵等

裸子植物的花常分成雄花與雌花，甚至植株會分成雄株與雌株。

 松樹的花粉、種子結構使它們容易藉著風傳播。

蕨菜、紫萁等山菜如何繁殖？

答案

這些植物藉由散播孢子到各處，孢子落地後會發芽成長，受精後再長成孢子體。

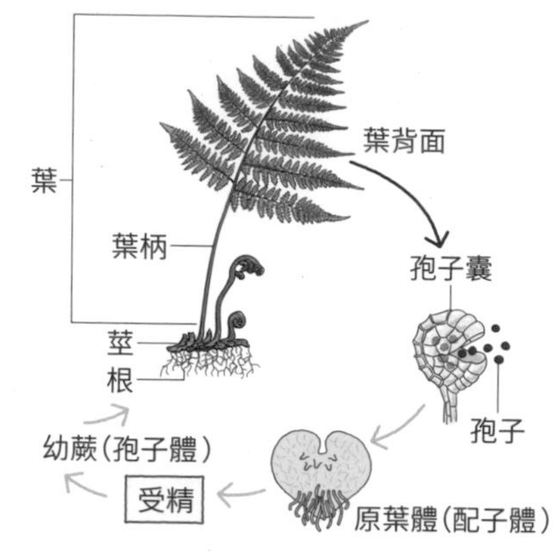

解說

蕨菜、紫萁等**蕨類植物**會產生大量孢子，**這些孢子散播出去，會繁殖出新的個體**。孢子發芽後成為配子體，其中藏精器有精子，藏卵器有卵子，精卵受精後會發育成新的孢子體。

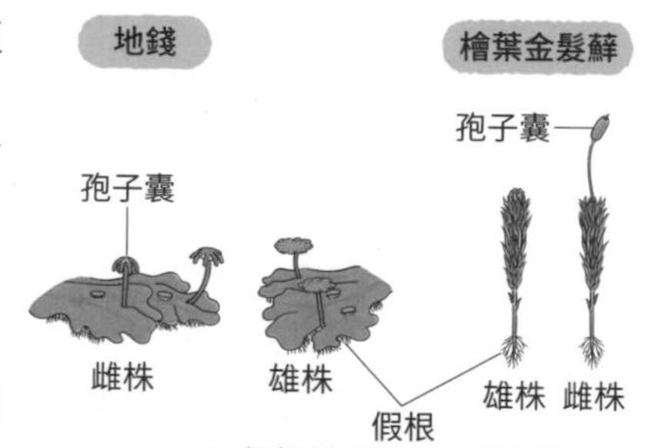

以孢子繁殖的植物：包括蕨類植物與蘚苔植物。

❶ **蕨類植物**：根、莖、葉分明，有維管束結構，生長在潮濕環境。

例 **蕨菜、紫萁、瓦韋、問荊**等。

❷ **蘚苔植物**：無法區別出根、莖、葉，無微管束結構。用全株細胞吸收空氣中的水分，生長的環境比蕨類植物的更潮濕。可分為雄株與雌株。

例 **地錢、檜葉金髮蘚**等。

孢子體：製造許多孢子並藉此繁殖的植物體，如蕨類的植物體。

孢子囊：存放孢子的膨大處。蕨類的孢子囊分布在葉子背面。

木賊科的問荊，用來製造孢子的「孢子莖」部位，也被稱做「筆頭菜」、「土筆」。

 以孢子繁殖的生物，不需種子植物的授粉步驟。

問題

04

生物

為什麼昆蟲體表覆蓋著堅硬外殼？

答案

因為昆蟲體內沒有骨頭，需要靠表面的堅硬外殼支撐身體，外殼可保護身體內部。

解說

像昆蟲這類體內沒有骨頭（內骨骼）的動物，統稱為**無脊椎動物**。無脊椎動物中的**節肢動物**，表面覆蓋著硬殼（外骨骼），身體與足部分成許多節。節肢動物包括昆蟲類、蜘蛛類、多足類、甲殼類等四大類別。

節肢動物：無脊椎動物的一大類。有外骨骼，身體與足部分成多節。

1. **昆蟲類**：可分成頭、胸、腹三部位，有6隻腳，以氣管呼吸。
2. **蜘蛛類**：可分成頭胸、腹兩部位，有8隻腳，以書肺呼吸。
   例 蜘蛛、蟎、蠍子。
3. **多足類**：可分成頭、軀幹兩部位。以氣管呼吸。
   例 蜈蚣、馬陸、蚰蜒。
4. **甲殼類**：可分成頭胸、腹兩部位。以鰓呼吸。
   例 蝦、蟹、鼠婦。

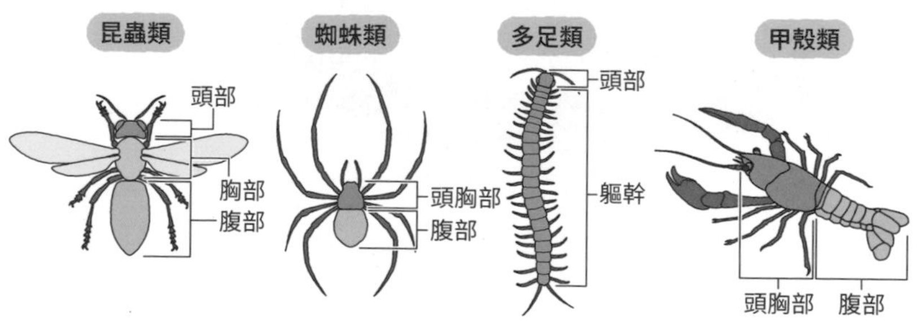

蝦、蟹有10隻腳，而鼠婦有14隻腳喔。

 蚤為昆蟲類，蟎則是蜘蛛類。

烏賊的內臟在哪裡？

答案

烏賊的內臟位於眼睛上方，在稱為外套膜的組織之內。

解 說

烏賊屬於**軟體動物**的頭足類，也歸類在**無脊椎動物**。頭足類的內臟位於外套膜內部，而外套膜則在眼睛上方。除了烏賊之外，章魚、蝸牛、蛞蝓、雙殼貝（蛤蠣等）皆屬於軟體動物。

除了節肢動物之外，還有哪些無脊椎動物

1. **軟體動物**：章魚、蝸牛、蛞蝓、雙殼貝等。
2. **棘皮動物**：海膽、海星等。
3. **環節動物**：蚯蚓、沙蠶、蛭等。

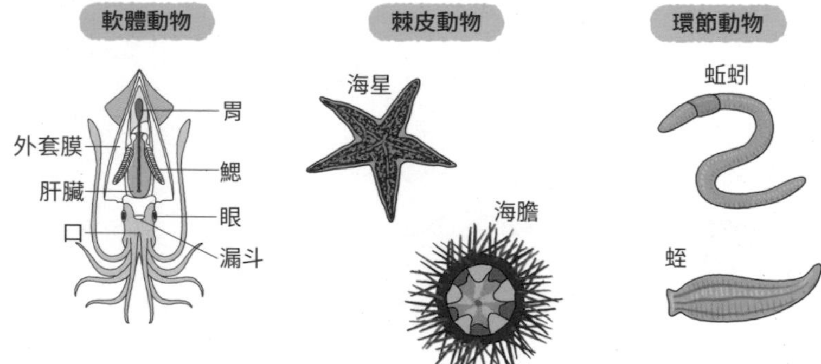

除了①～③這幾個大類之外，也還有其他類別的無脊椎動物喔。

 寄居蟹是背著貝殼的甲殼類。

問題 06 生物

蠑螈與壁虎的差別在哪裡？

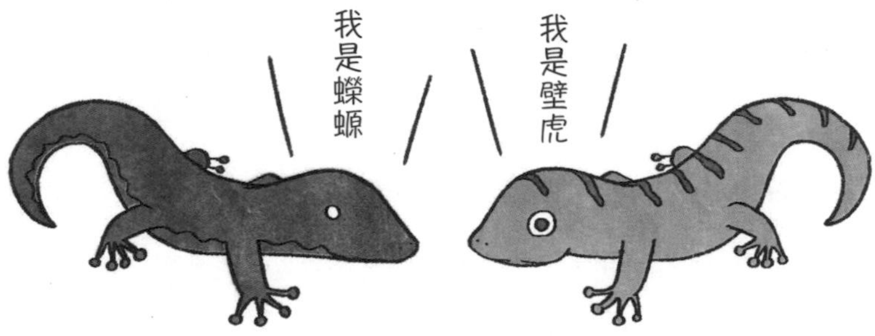

答案

在分類上，蠑螈屬於兩生類，壁虎則屬於爬行類。

解說

蠑螈與壁虎都有內骨骼，皆屬於脊椎動物。**蠑螈屬於兩生類，壁虎屬於爬行類**。兩生類的幼體在水中生活，用鰓呼吸，成體則在陸地生活，用肺與皮膚呼吸；另一方面，大部分爬行類一生都在陸地上生活，一生都用肺呼吸。

脊椎動物：擁有內骨骼的動物，可分為魚類、兩生類、爬行類、鳥類、哺乳類等類別。

① **魚類**：鯊魚、泥鰍、海馬、鰻魚等。

② **兩生類**：蛙、蠑螈、山椒魚等。

③ **爬行類**：蜥蜴、壁虎、龜、蛇、鱷魚等。

④ **鳥類**：鴿、企鵝、孔雀、鵜鶘等。

⑤ **哺乳類**：人、蝙蝠、鯨、虎鯨、海豚等。

	魚類	兩生類	爬行類	鳥類	哺乳類
生活	水中		陸地上		
生殖	水中卵生		陸地上卵生		胎生
受精	體外受精		體內受精		
呼吸	用鰓呼吸		用肺呼吸		
體表	鱗片	皮膚、黏膜	鱗片、殼	羽毛	體毛
體溫	變溫			恆溫	
心臟	1心房·1心室	大多2心房·1心室		2心房·2心室	

兩生類成體的身體結構與幼體有很大的差異。

爬行類的心室中央具有不完整的分隔。

問題 07 生物

為什麼鯨魚靠近海面時會噴水？

答案

鯨魚是哺乳類，用肺呼吸。因為在水中無法呼吸，所以會浮出海面吐出空氣。

解說

哺乳類的鯨魚用**肺呼吸**。在牠們浮出海面吐出空氣時，氣體凝結成水滴，加上噴氣孔凹陷處累積的海水也一起噴出，因而形成一片白霧。哺乳類一生皆用肺呼吸，生殖方式為胎生（子代出生時便與親代相似）。而且牠們是**恆溫動物**，體溫幾乎保持恆定。

脊椎動物的呼吸：可分成用鰓呼吸與用肺呼吸。

脊椎動物的受精方式：可分成體外受精與體內受精。

1. **體外受精**：雄性的精子與雌性的卵在體外受精（魚類、兩生類）。
2. **體內受精**：雄性的精子與雌性的卵在雌性體內受精（爬行類、鳥類、哺乳類）。

脊椎動物的體溫：可分為恆溫動物與變溫動物。

1. **恆溫動物**：體溫一直保持固定（鳥類、哺乳類）。
2. **變溫動物**：體溫會隨著環境變化（魚類、兩生類、爬行類）。

爬行類、兩生類，以及一部分的哺乳類會冬眠（松鼠、日本睡鼠、蝙蝠等哺乳類，在冬天時體溫會下降）。

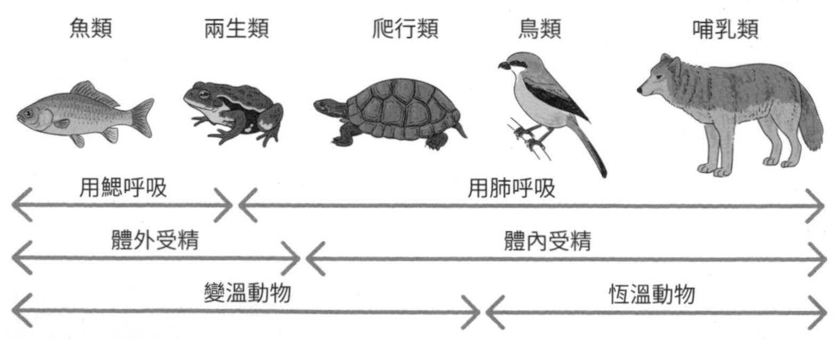

 熊不會冬眠（大幅降低體溫），而是「冬休」。

問題
08
生物

為什麼多數植物的葉子正面比背面綠？

答案

因為多數植物的含葉綠體細胞都聚集在葉子的正面。

解說

植物的葉綠體可利用陽光的能量行光合作用，製造養分。含葉綠體的細胞**為了照到更多陽光，通常會聚集在葉子的正面**。所以葉子的正面為鮮綠色。

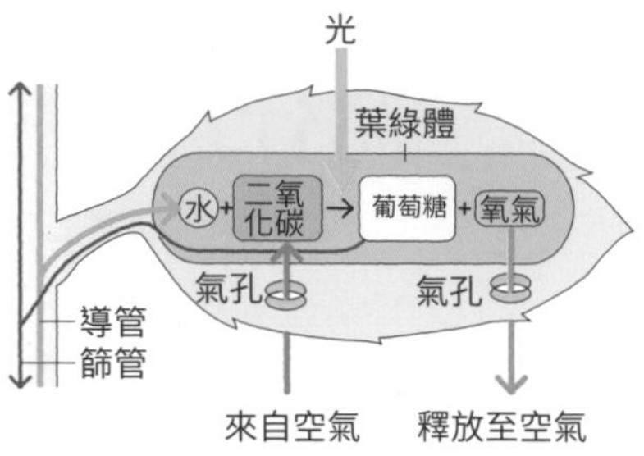

光合作用：植物運用光能量，以二氧化碳與水為材料，製造出養分與氧氣的作用。水＋二氧化碳→養分(葡萄糖)＋氧氣。

維管束：根莖葉的導管與篩管的總稱。

1. **導管**：由根吸收之水分與肥料的通道。
2. **篩管**：由葉製造之養分的通道。

表皮細胞沒有葉綠體(保衛細胞則有葉綠體)。

葉子的內部結構

1. **維管束**：靠近葉的正面有導管、靠近背面有篩管(合稱葉脈)。
2. **柵狀組織**：靠近上表皮的葉肉細胞，為緊密組織。
3. **海綿組織**：靠近下表皮的葉肉細胞，為鬆散組織。
4. **保衛細胞**：位於表皮，**含有葉綠體**的新月狀細胞。
5. **氣孔**：保衛細胞間的空隙，為氣體的出入口。

葉子的剖面

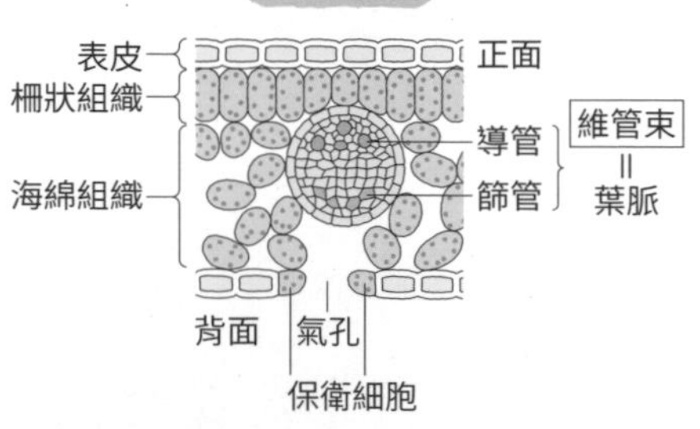

葉子的背面

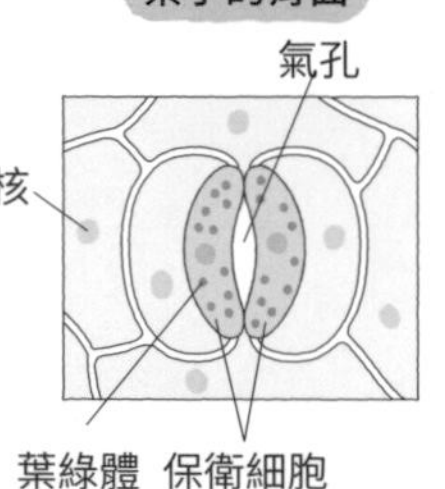

海綿組織的細胞間隙，可以儲存水與養分。

為什麼將植物
長時間放在暗室裡會枯萎？

答案

因為黑暗中的植物只能行呼吸作用，體內養分會逐漸減少。

解說

植物光合作用製造出來的養分中，一部份※會用於呼吸，來產生能量。在沒有光的狀態下，**植物無法行光合作用，只能用體內養分來進行呼吸作用**，使儲存的養分一直減少，最後枯萎。

※ 多餘的養分會儲存起來。

養分以澱粉的形式儲存糖，經篩管送至植物全身。

呼吸作用：植物為了存活而分解養分，產生能量的作用。從早到晚都會行呼吸作用，吸收氧氣，排出二氧化碳。

氧氣＋養分→二氧化碳＋水

光合作用量與光強度：在一定範圍內，光強度愈強，光合作用量就愈多。

蒸散作用：植物為了吸收新的水分，透過氣孔排出水蒸氣的作用。氣溫愈高、濕度愈低、通風愈好，蒸散作用愈強。

光合作用量的變化

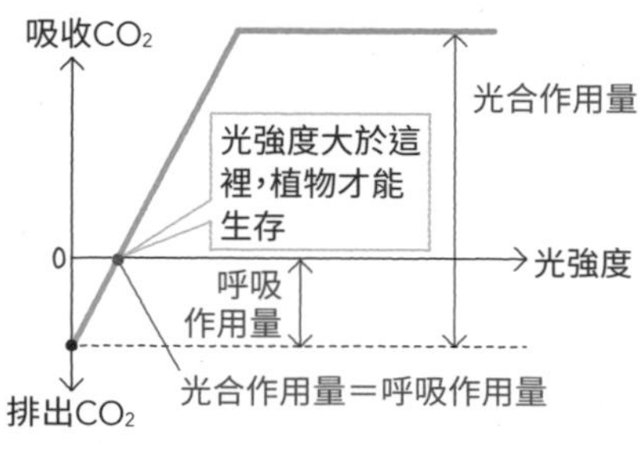

蒸散作用實驗

 當光強度大於一定值時，光合作用量就不會再增加。

問題 10 生物

為什麼米飯愈嚼愈甜？

答案

因為唾液中的消化酵素可以將澱粉轉變成麥芽糖。

解說

唾液中含有**澱粉酶**這種**消化酵素**。它可以把米的主成分澱粉，分解成**麥芽糖**。胰臟分泌的消化液，**胰液**，也含有澱粉酶。胰液與小腸消化液可再將麥芽糖轉變成**葡萄糖**，最後由小腸內壁的**絨毛**吸收。

消化液與消化酵素：唾液、胃液、胰液、腸液（由小腸製造）等消化液內分別含有不同的消化酵素。這些消化酵素可將碳水化合物（澱粉）、蛋白質、脂肪等養分轉換成可溶解於血液中的型態。

絨毛（指狀凸起）：小腸內側有許多「皺褶」，皺褶上有**絨毛（指狀凸起），可增加表面積，以提高養分吸收效率**。消化液可分解養分，如**澱粉→葡萄糖、蛋白質→胺基酸、脂肪→脂肪酸與甘油**，這些養分再經絨毛的微血管與淋巴管吸收。

肝臟製造出來的膽汁不含消化酵素，但可進行「乳化作用」，讓脂肪溶於血液中。

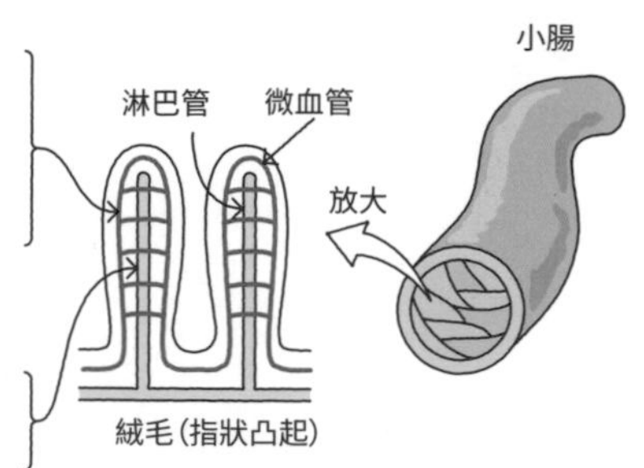

 脂肪酸、甘油可經由絨毛的「淋巴管」運輸。

問題 11 生物

為什麼深呼吸時，肋骨會上舉？

答案

因為肋骨上舉、橫膈膜下降，才能將空氣送入肺中。

解說

人在呼吸時，空氣之所以能進入肺，是因為肋骨上舉、橫膈膜下降，使肺所在空間（胸腔）的壓力下降。空氣會經過氣管、支氣管，再進入**肺泡**，在此**可進行氧氣與二氧化碳的氣體交換**。

	肋骨	橫膈膜
吸氣	上舉	下降
吐氣	下降	上升

肺泡：直徑僅0.1～0.2㎜的袋狀結構，肺部約有3～6億個肺泡。可進行氧氣與二氧化碳的氣體交換。

微血管：分布在肺泡上的微血管可接受來自肺泡的氧氣；肺泡則接受來自微血管的二氧化碳。

呼氣與吸氣

❶ **呼氣**：氮氣：約78%、氧氣：約16%、二氧化碳：約5%，以及水蒸氣等其他氣體。

❷ **吸氣**：氮氣：約78%、氧氣：約21%、二氧化碳：約0.04%等。

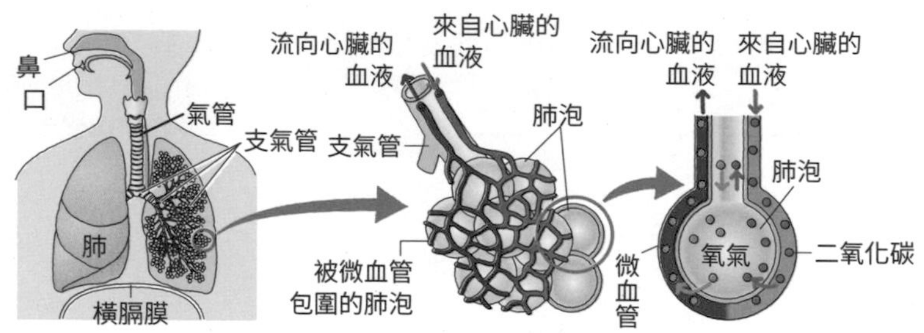

肺泡可增加表面積，提升氣體交換效率。

 進入微血管的氧氣會被送到全身細胞，供細胞呼吸使用。

問題
12
生物

為什麼劇烈運動後，心跳次數會上升？

答案

因為心臟需在短時間內將許多氧氣送至全身。

解說

劇烈運動時，肌肉會消耗大量氧氣，所以呼吸會變得劇烈。同時，負**責將血液送至全身的心臟也會劇烈搏動，心跳次數上升**。這樣才能在短時間內將氧氣送至全身。

血液的成分：包括固體成分的紅血球、白血球、血小板，以及液體成分的血漿。

紅血球 血漿(液體)
血小板
白血球

1. **紅血球**：運送氧氣。
2. **白血球**：保護身體不受細菌與病毒侵害。
3. **血小板**：使血液凝固(使受傷處結痂)。
4. **血漿**：運送養分與廢物。

人體的心臟：共有**二心房二心室**。左心室的肌肉最厚。

動脈：**帶血液離開心臟的血管**。

靜脈：**帶血液流向心臟的血管**(內有**防止血液逆流的瓣膜**)。

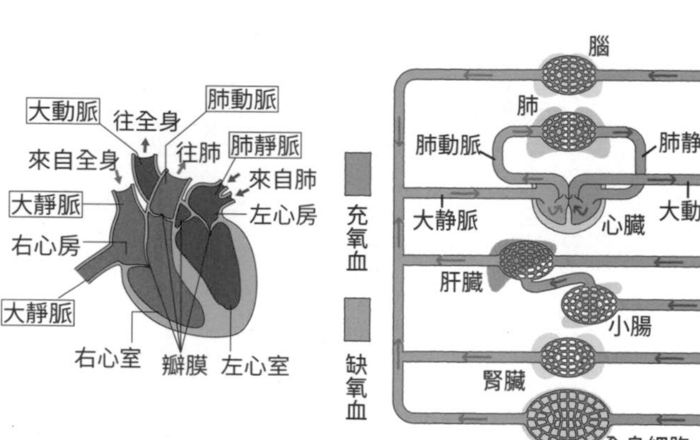

左心室的肌肉之所以比較厚，是因為將血液泵送到全身需要很大的力量。

充氧血為氧氣含量較多的血液，缺氧血為二氧化碳含量較多的血液。

「尿素」與「尿」分別由體內的哪個部位製造？

答案

「尿素」由肝臟**製造**，「尿」由腎臟**製造**。

解說

身體會製造出稱為**氨**的有毒物質。肝臟會將氨轉變成毒性較低的**尿素**，尿素與其他體內廢物再與腎臟製造出來的尿液一起排出體外。腎臟製造出來的**尿液**會通過輸尿管，暫時儲存在膀胱。

肝臟的作用：除了將氨轉變成尿素之外，還有許多其他功用。

例 ❶ 製造膽汁、❷ 將葡萄糖轉變成肝糖，暫時儲存起來、❸ 破壞老舊的紅血球、❹ 貯藏血液等。

腎靜脈：把血液從腎臟輸送到心臟的血管，是代謝廢物含量最少的血管。

膀胱：暫時貯存腎臟製造的尿液。成人一天的尿量約1000～1500mℓ。膀胱若貯存100～150mℓ的尿，就會開始有尿意。

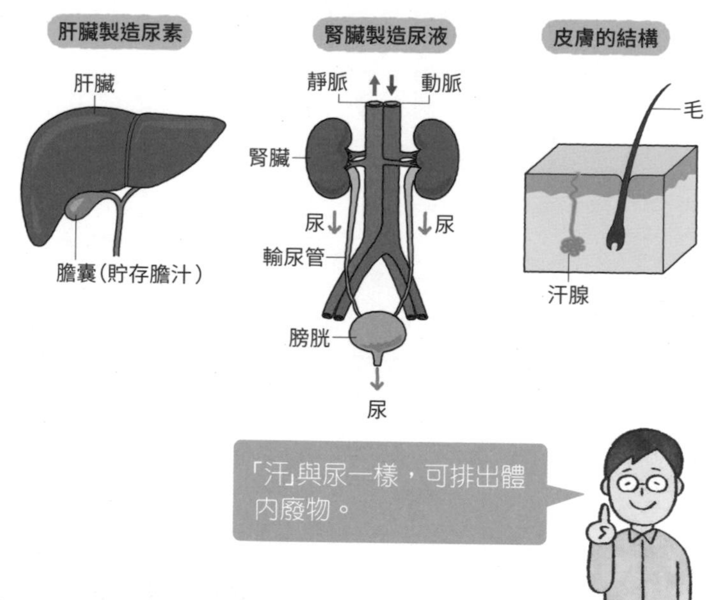

「汗」與尿一樣，可排出體內廢物。

一般來說，血液中的糖分不會進入尿液，而是與水分一起被腎臟再次吸收回體內。

問題
14
生物

「阿基里斯腱」有什麼功用？

答案

將小腿後方的肌肉固定在腳跟的骨頭上。

解說

人體內的肌肉需靠骨頭帶動。

「肌腱」負責**連接骨頭與肌肉**，幾乎由膠原蛋白構成，顏色偏白。阿基里斯腱是人體內最大的肌腱。

骨與骨的功能：骨的主要成分為鈣。人體內有200多塊骨頭，構成人體骨架。

❶ **運動身體**：手、腳的骨頭。

❷ **支撐身體**：脊椎骨、骨盆。

❸ **保護內部**：肋骨、頭骨。

關節：骨頭與骨頭之間連接的構造，可朝特定方向大幅度擺動。

肌肉：約有300種，主成分為蛋白質。

❶ **骨骼肌**：可依照我們的意識運動。

❷ **平滑肌**：不受意識控制的驅動內臟與血管。

❸ **心肌**：不受意識控制的驅動心臟肌肉。

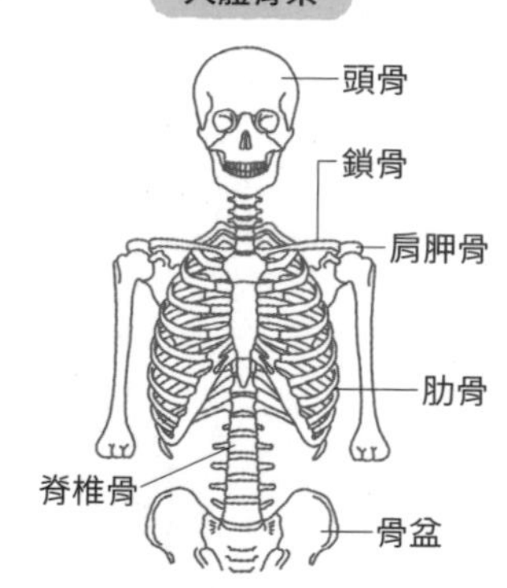

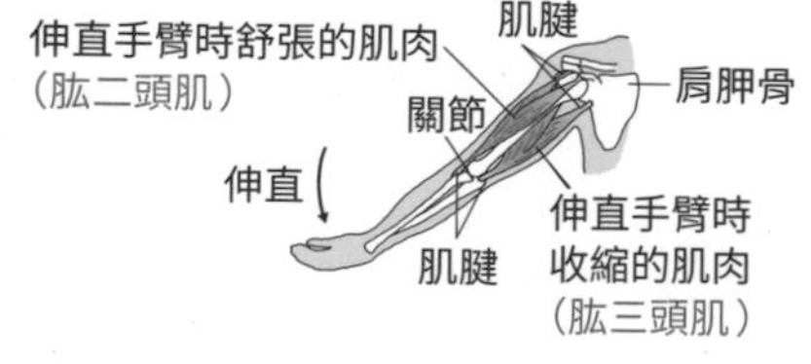

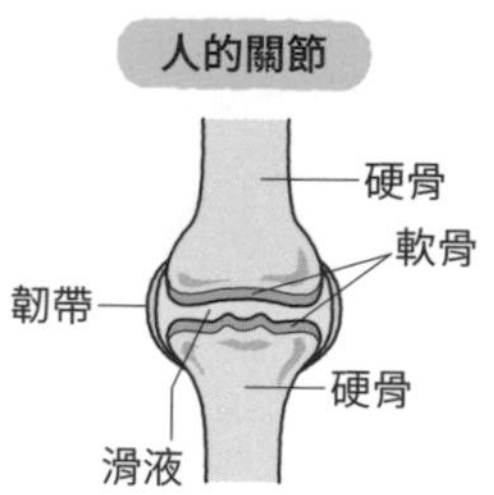

肌肉收縮時會產生力量。

重訓時鍛鍊的肌肉是骨骼肌。

問題 15 生物

為什麼進入黑暗房間時，「瞳孔」會放大？

答案

因為在黑暗環境中，為了要讓更多光線進入眼睛，虹膜會擴張。

解說

眼睛或耳朵能夠接收特定的外部刺激，再將刺激傳達給大腦，稱為**感覺器官**。進入瞳孔的光線經過水晶體的折射，到達視網膜上成像。視網膜上有感覺細胞，可將成像轉換成電訊號，傳遞到大腦。

眼睛的結構：視網膜上有感覺細胞。

1. **虹膜**：調節進入眼睛的光線量。
2. **角膜**：保護眼睛內部。
3. **水晶體**：可折射光線。
4. **玻璃體**：維持眼球形狀。
5. **視網膜**：將成像訊息轉換成電訊號。
6. **視神經**：將來自視網膜的訊號傳輸到大腦。

眼睛的結構

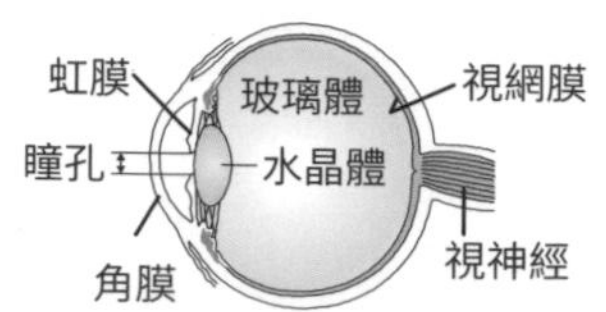

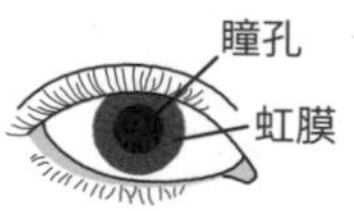

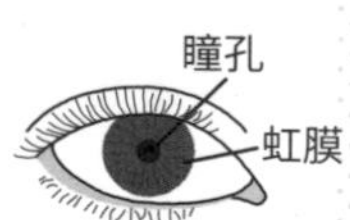

耳的結構：耳朵負責將聲音的刺激傳遞至腦。聲音傳遞至腦的路徑為：**鼓膜→聽小骨→耳蝸→聽神經→腦**

耳朵的結構

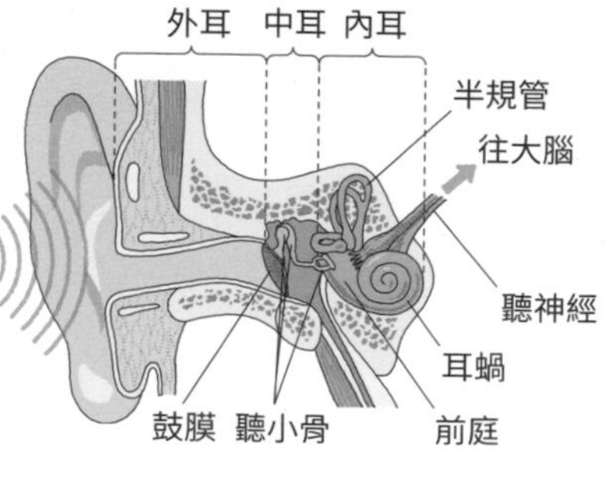

耳朵內除了感受聲音刺激的受器之外，還有調整壓力的「耳咽管」、感受身體轉動狀態的「半規管」，以及感受身體傾斜程度的「前庭」。

 耳朵的聽覺細胞位於「耳蝸」。

為什麼接觸到熱的東西時，手會不由自主的縮回？

答案

因為來自皮膚的刺激抵達脊髓後，脊髓會直接下令肌肉做出反應，而不經過大腦。

解說

身體反應可以分成由意識做出的反應，以及無意識中產生的反應。

由意識做出的反應中，感覺器官將訊號傳遞給大腦，再**由大腦下令肌肉做出反應**。

「不經思考」產生的無意識反應，則是**不通過大腦，直接由脊髓下令肌肉做出反應**。這種無意識的反應也叫做**反射**。

中樞神經：腦與脊髓構成的神經系統。可對肌肉下達指令。

周圍神經：感覺神經與運動神經的總稱。

① **感覺神經**：將訊號從感覺器官傳遞到中樞神經的神經。

② **運動神經**：將訊號從中樞神經傳遞到肌肉的神經。

從刺激到反應

例 肩膀被拍了一下，回頭看看狀況。

感覺器官（皮膚）→感覺神經→脊髓→腦→脊髓→運動神經→肌肉

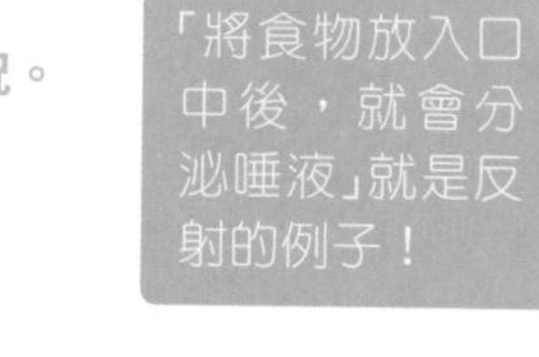

「將食物放入口中後，就會分泌唾液」就是反射的例子！

例【反射】因為很燙，所以手不自覺縮回。

感覺器官（皮膚）→感覺神經→脊髓→運動神經→肌肉

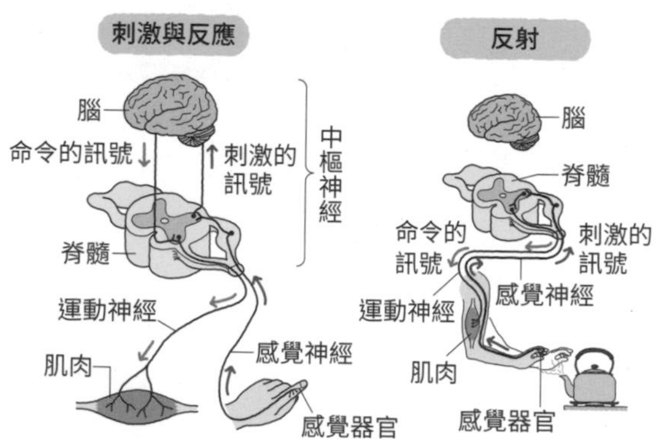

 反射有「保護身體免受危險的威脅」、「調節身體運作」的功用。

問題
17
生物

多細胞生物的身體如何長大？

答案

重複體細胞分裂與成長的過程，使身體長大。

解說

細胞是構成生物的基本單位，多細胞生物是由多個細胞構成的個體。**細胞常進行體細胞分裂，增加細胞數目，隨著細胞的生長，使個體長大**。

細胞可分為**動物細胞**與**植物細胞**，兩者有相同點，也有相異點。

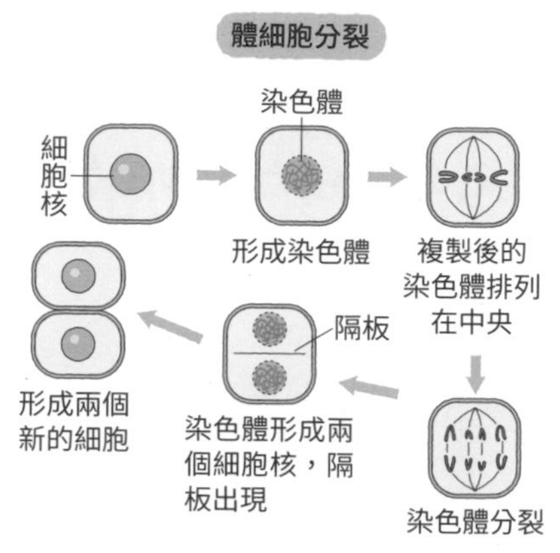

細胞構成：細胞可分為動物細胞與植物細胞。

❶ **相同點**：都有**細胞核**、**細胞質**、**細胞膜**。細胞核內有**染色體**。

❷ **相異點**：植物細胞有**細胞壁**、**葉綠體**。植物細胞具有顯眼的**液胞**。

體細胞分裂：多細胞生物會持續進行細胞分裂、細胞生長，使個體長大。

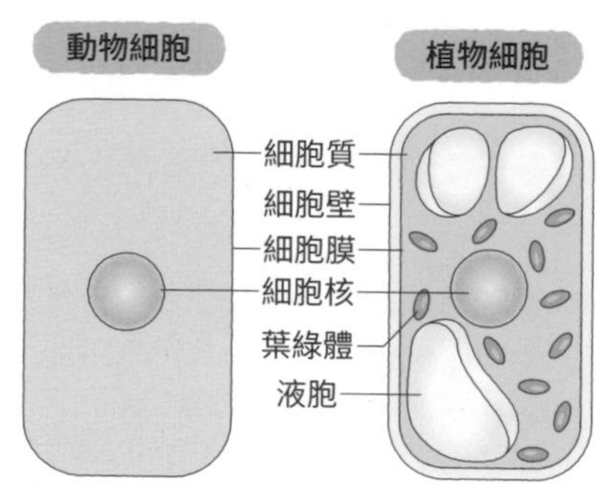

細胞質指的是細胞膜內，除了細胞核以外的部分。染色體內攜帶了遺傳資訊。

植物細胞的細胞壁有支撐植物身體的功能。

為什麼蛙類要在水中產卵？

答案

因為雌蛙的卵需與雄蛙的精子在水中進行體外受精。

解說

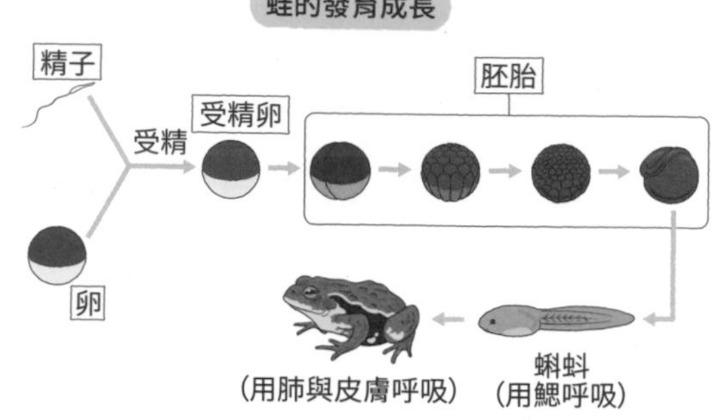

魚類與兩生類為**體外受精**。**為了讓雄性的精子順利與雌性的卵結合，魚類與兩生類會在水中產卵**。另一方面，爬行類、鳥類、哺乳類、昆蟲等生物的雄性會將精子送至雌性體內，進行**體內受精**。卵受精後可得到**受精卵**，受精卵會頻繁進行體細胞分裂，發育成個體。

受精與受精卵：雌性個體的卵與雄性個體的精子的結合過程稱為**受精**，卵受精後稱為**受精卵**。受精卵會頻繁進行**細胞分裂**，逐漸變大。

體外受精：在體外受精，成功機率較低。所以需要產下大量的卵，並釋放大量精子（翻車魚一次可產下數億顆卵！）。

體內受精：與體外受精相比，體內受精的成功機率較高。

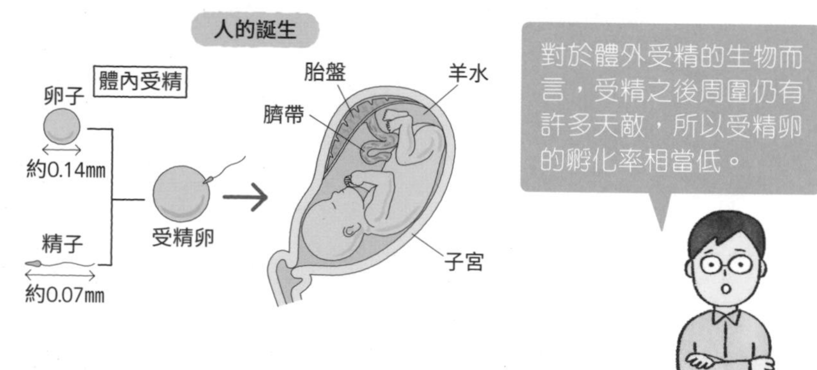

對於體外受精的生物而言，受精之後周圍仍有許多天敵，所以受精卵的孵化率相當低。

 人類胎兒可透過臍帶吸收來自母體的養分與氧氣。

問題
19
生物

若想用好吃的馬鈴薯繁殖出相同味道的馬鈴薯，該怎麼做？

這個馬鈴薯太好吃了吧!!
想種出跟這個一樣好吃的馬鈴薯!!

答案

把好吃的馬鈴薯做為「種薯」，種植在田裡，大量繁殖。

解說

種子植物原本要靠種子繁殖，不過**馬鈴薯可以靠種薯來繁殖新個體**。這種不需要雌雄個體交配（不需雌蕊、雄蕊）的繁殖方式，稱為**無性生殖**。

無性生殖中，除了像馬鈴薯這樣的**營養器官**繁殖之外，還有變形蟲或草履蟲那樣的**分裂生殖**。

無性生殖：不需要雌、雄個體交配；繁殖出的子代性狀與親代完全相同。

1. **營養器官繁殖**：植物透過根、莖、葉等營養器官繁殖下一代的生殖方式。

   例 馬鈴薯、番薯等。

2. **分裂生殖**：單細胞生物的繁殖方式。

   例 變形蟲、草履蟲、眼蟲等。

無性生殖繁殖的個體與親代擁有相同基因，是一種優點。但也因此子代可能無法適應環境變化，所以也是一種缺點。

營養器官繁殖

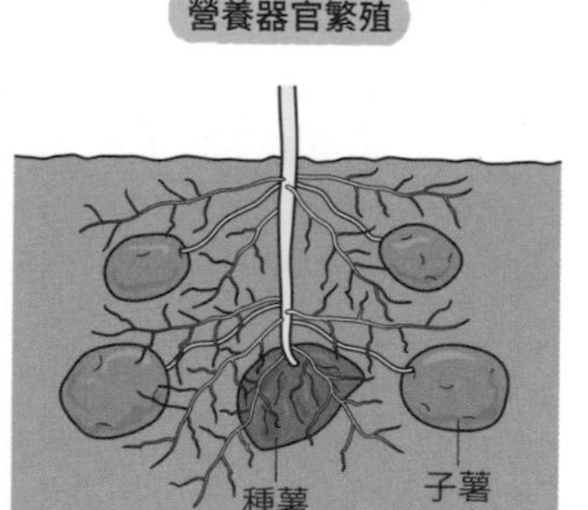

分裂生殖

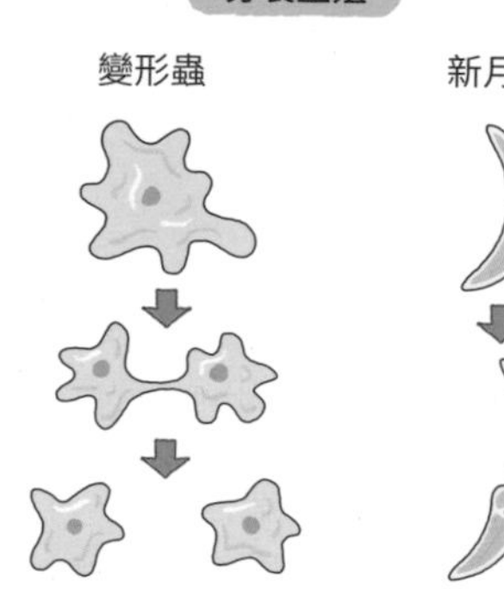

鬱金香用球根繁殖，也是一種營養器官繁殖。

問題

20 生物

為什麼孩子有些地方與父母很像，有些地方與父母不像？

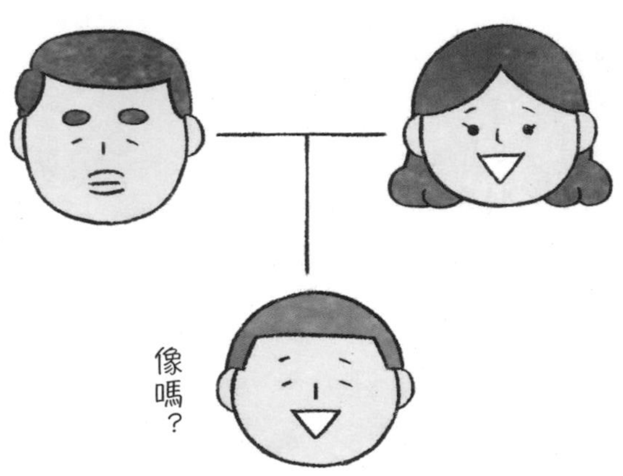

答案

因為孩子繼承了父與母兩邊的基因，經有性生殖誕生。

解說

有性生殖需要雄性個體與雌性個體，才能繁殖下一代。來自雄性與雌性的生殖細胞結合後會得到受精卵，受精卵再透過頻繁的體細胞分裂，逐漸成長。製造生殖細胞時，染色體個數會變為體細胞染色體個數的一半，這時的細胞分裂稱為**減數分裂**。

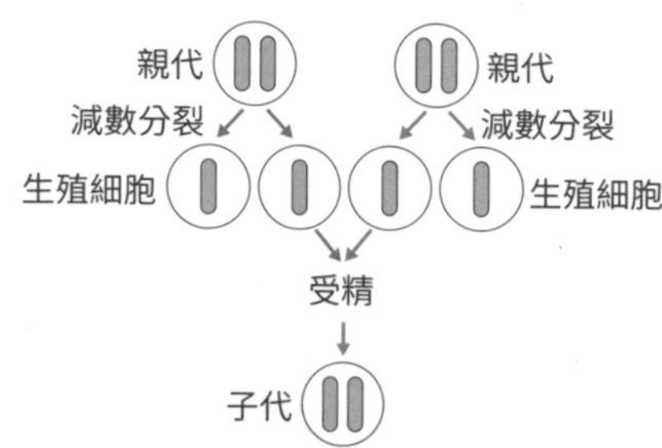

有性生殖：需要雄性與雌性的繁殖方式。**子代性狀與親代不一定相同**。雄性與雌性的生殖器官所產生的生殖細胞互相結合，進而得到子代。

染色體：含有DNA等遺傳資訊。

減數分裂：製造生殖細胞時的分裂，**染色體個數會減為體細胞的一半**。

孟德爾定律：遺傳學誕生的契機，包括**①分離定律、②獨立分配律、③顯性原則**等三項。

豌豆種子

A：顯性基因（圓形）　a：隱性基因（皺皮）

親代　純品系圓形種子　AA　純品系皺皮種子　aa

減數分裂

生殖細胞　A　A　a　a

子代　Aa　Aa　Aa　Aa

全部都是圓形種子

「性狀」表示生物擁有的性質與特徵！

人類有46條染色體（23對）。貓則有38條。

問題 21 生物

若草食動物個體數減少，其他生物的個體數會如何改變？

答案

肉食動物的個體數會暫時減少，植物的個體數會暫時增加，但各種生物的個體數量多寡最後仍會回到原本的狀態。

解說

自然界的生物之間有捕食、被捕食的關係，也就是所謂的**食物鏈**。若草食動物的個體數減少，以草食動物為食的肉食動物個體數也會跟著減少，做為草食動物之食物的植物數量則會增加。但因為草食動物的食物增加，所以草食動物的個體數會增加，隨後肉食動物個體數也跟著增加，最後所有生物數量多寡皆回到原本的狀態。

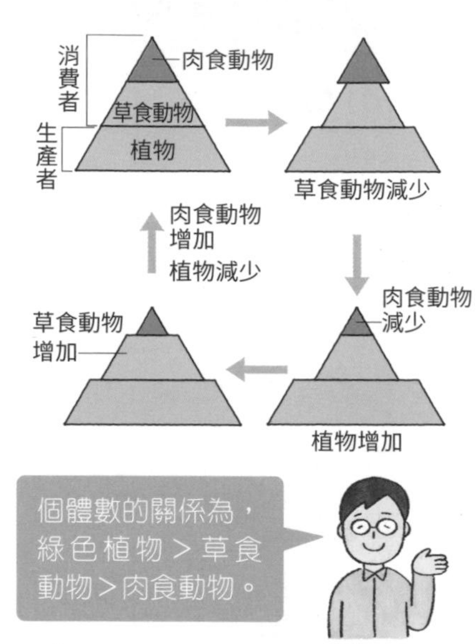

生態系：彼此相互作用的生物，以及這些生物所生存的自然環境的統稱。

食物鏈：生物之間，捕食與被捕食的關係。

① **生產者**：如綠色植物，可透過光合作用，以無機物（二氧化碳、水）為原料，製造出氧氣與有機物（澱粉）的生物。

② **消費者**：如草食動物與肉食動物，以其他生物為食，從中攝取有機物的生物。

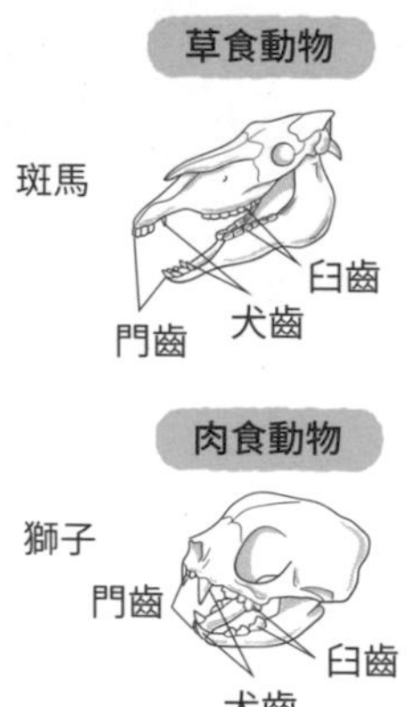

草食動物又叫做「初級消費者」，肉食動物又叫做「次級消費者」。

黴菌和蕈類等，在自然界中扮演著什麼樣的角色？

答案

能分解植物的枯葉、動物的糞便與屍體等有機物，將它轉變成無機物。

解說

黴菌與蕈類同樣會透過**呼吸作用，產生維持生命所需的能量**。此時它們會透過**分解**植物枯葉、動物的糞便與屍體**等有機物，產生無機物**。因此，黴菌與蕈類在生物界中的角色為「**分解者**」。

分解者：黴菌與蕈類等在生物界中扮演的角色。

碳的循環：在生產者、消費者、分解者之間循環。

❶ **生產者**：綠色植物（行光合作用與呼吸作用）。※光合作用僅在白天進行

❷ **消費者**：草食動物、肉食動物（行呼吸作用）。

❸ **分解者**：黴菌與蕈類等（行呼吸作用）。

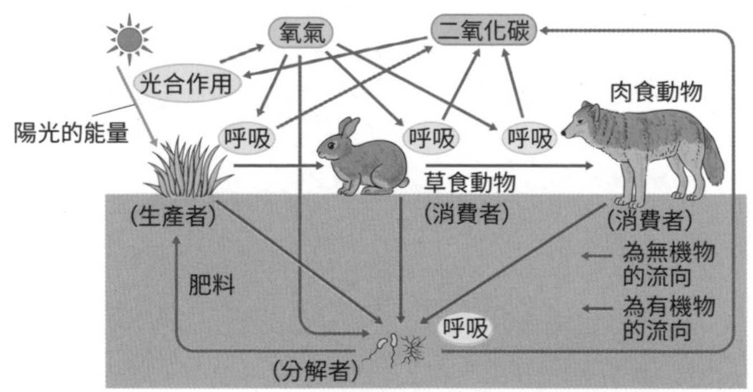

分解者指的是可以分解生物屍體、排泄物，並從中攝取能量的生物（包括真菌、細菌等）。

 自然界生物生存所需的能量來源，皆源自陽光的能量。

問題
23
生物

為什麼地球暖化加劇？

答案

大量消耗化石燃料、砍伐森林，造成大氣中二氧化碳量增加，**為加速地球暖化的原因。**

解說

二氧化碳可吸收一部分的陽光。**若大氣中的二氧化碳增加，大氣溫度就會上升**。火力發電消耗大量化石燃料（石油、煤炭、天然氣等）、砍伐大量森林造成植物減少，皆會造成大氣中的二氧化碳增加。此外，也會造成其他地球環境問題，如酸雨、臭氧層破壞等。

溫室氣體：包括二氧化碳在內，會造成地球暖化之氣體的總稱。

化石燃料：石油、煤炭、天然氣等。燃燒後會產生二氧化碳。

酸雨：汽車、工廠排放的廢氣中，氮氧化物、硫氧化物溶於雨水後會降下酸性的雨水，可能會造成建築物損壞。

臭氧層破壞：做為冷媒使用的氟氯碳化物，會破壞高空的臭氧層。若臭氧層遭破壞，會有大量紫外線抵達地表（陽光中的紫外線會造成皮膚癌）。

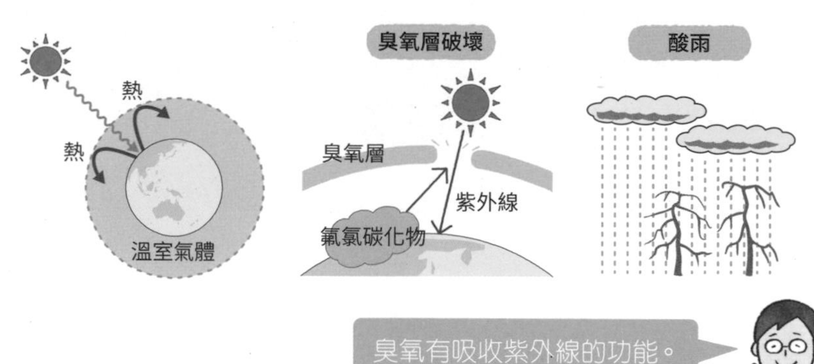

臭氧有吸收紫外線的功能。

 想要抑制化石燃料的用量，可考慮太陽能發電、風力發電等發電方式。

物理 1 光的反射

將高10cm的物體，放在鏡子前20cm的位置。

↓

於鏡子另一側得到物體的像。

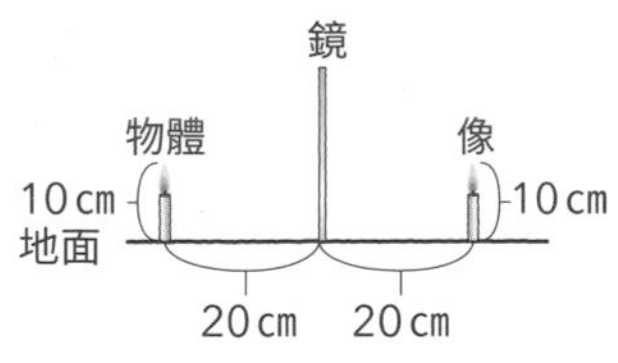

⚠ **鏡面與地面垂直**。

物體成像位置在哪裡？
⇒以鏡子為對稱面的**對稱位置**（從鏡子算起的20cm位置）。
物體成像大小為何？⇒**與物體大小相同**（10cm）。
照鏡子時，鏡子的長度至少多長，才能照到全身？⇒**身高的$\frac{1}{2}$**。
鏡子反射的光會滿足什麼定律？⇒滿足反射定律（**入射角＝反射角**）。

物理 2 凸透鏡（光的折射）

設凸透鏡焦距為10cm，將長度為5cm的物體放置在距離凸透鏡中心20cm的位置。

↓

在透鏡另一側20cm的位置，會生成5cm大的像（實像）。

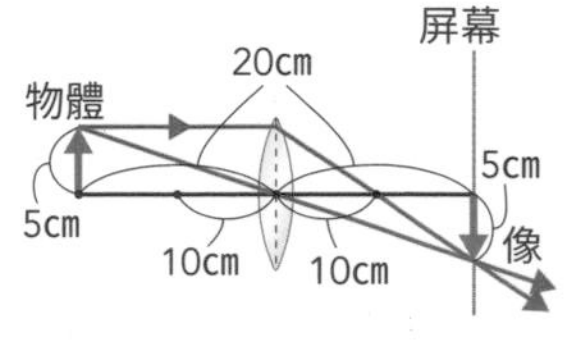

 一個凸透鏡有兩個焦點，透鏡中心到焦點的距離稱為**焦距**。**不同透鏡（厚度不同）的焦距也不一樣**。

像的方向為何？⇒**上下顛倒、左右相反**。
若將物體遠離透鏡的話，會發生什麼事？
⇒**透鏡與像（實像）的距離變近，成像變小**。
若將物體放在焦點，會發生什麼事？⇒**無法成像**。
若將物體放在比焦點靠近透鏡的位置，會發生什麼事？
⇒**在物體的同一側，會形成比物體大的虛像**。

物理 3 聲音的傳播方式

在圓底燒瓶加入少量水後並且加熱。之後，再用彈簧夾鉗封閉瓶口，待其充分冷卻。然後慢慢搖動燒瓶。

↓

幾乎聽不到鈴聲。

 有加熱步驟的實驗需使用圓底燒瓶（不可使用錐形瓶）。

為什麼要加熱燒瓶？⇒為了用水蒸氣趕走燒瓶內的空氣。
如果在燒瓶冷卻前搖動燒瓶的話會怎麼樣呢？
⇒會聽到鈴聲（因為燒瓶內有水蒸氣）。
為什麼要讓燒瓶冷卻？⇒為了讓燒瓶內的水蒸氣凝結成水。
為什麼幾乎聽不到鈴聲？
⇒因為燒瓶內幾乎沒有任何氣體（聲音需靠振動周圍物質而傳遞）。
聲音的頻率是什麼？⇒每秒的振動次數（單位為Hz）。頻率愈高，音調愈高。

物理 4 作用於物體的各種力

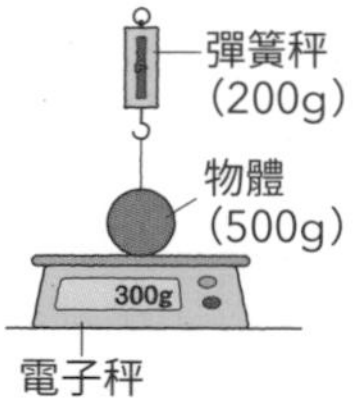

將電子秤放在桌上，然後放上質量500g的物體，接著用彈簧秤緩慢往上舉起秤上的物體。當彈簧秤顯示數值為200g時，讀取電子秤顯示的數值。

↓

電子秤顯示數值變為300g。

 g與kg為物體的質量單位。質量100g的物體所受重力約為1N。

物體受到哪些力的作用？⇒重力（5N）、拉力（2N）、正向力（3N）。
各個力的作用方向為何？⇒重力往下、拉力往上、正向力往上。
若增加彈簧秤的拉力，會發生什麼事呢？⇒電子秤的數值（正向力）會變小（若彈簧秤顯示的數值為500g，那麼電子秤會顯示0g）。
彈簧秤顯示的數值＋電子秤顯示的數值是多少？⇒這個數值會保持在500g（物體的質量）。彈簧秤的拉力＋電子秤受到的正向力＝作用於物體的重力。

物理 5 歐姆定律

圖一的電路為10Ω的電熱線A與15Ω的電熱線B的串聯電路；圖二則為A與B的並聯電路。分別於兩電路上施加6V電壓。

圖1中通過電源之電流為0.24A，圖2的電流則是1A。

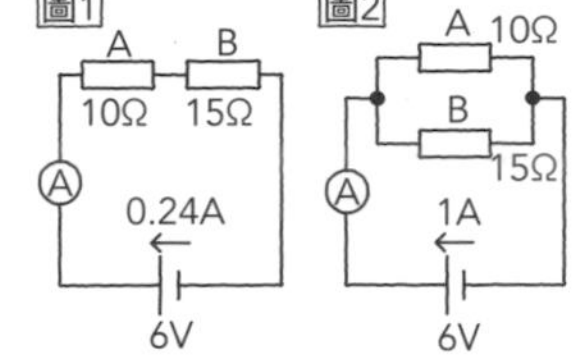

⚠ **安培計需與電阻串聯；伏特計需與電阻並聯**。

⚠ 安培計、伏特計的＋端子需連接電源的＋極，－端子需連接電源的－極。

歐姆定律的公式是什麼？⇒電壓〔V〕＝電流〔A〕× 電阻〔Ω〕

圖1中，電熱線A與B的電流分別是多少？⇒兩者皆為0.24A（6V÷25Ω）。

圖2中，電熱線A與B的電流分別是多少？

⇒電熱線A為0.6A（6V÷10Ω）、電熱線B為0.4A（6V÷15Ω）。

圖1中，電熱線A與B的電壓分別是多少？⇒A為2.4V，B為3.6V。

圖2中，電熱線A與B的電壓分別是多少？⇒兩者皆為6V。

物理 6 電流與發熱量

將10Ω的電熱線A放入裝有100g 20°C水的隔熱容器中，接上電壓6V的電源，通電10分鐘。

水溫上升到約5.1°C。

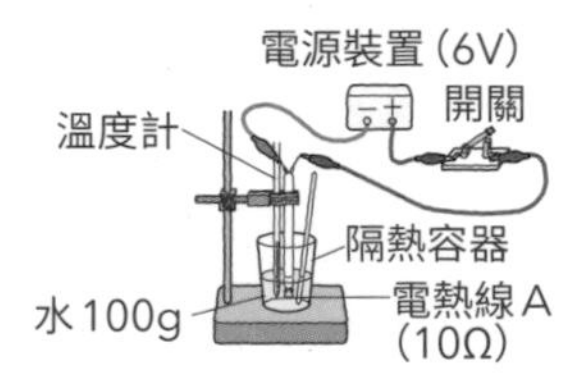

⚠ 1g水上升1°C需要的熱能為1 cal。1 cal≒4.2 J。

⚠ 這個實驗假設電熱線產生的熱會完全用於水的溫度上升。

功率是什麼？⇒1秒內消耗的能量，功率〔W〕＝電壓〔V〕× 電流〔A〕。

電熱線A會產生多少能量？⇒6V×0.6A×600秒＝2160 J。

水溫上升幅度的計算公式為何？

⇒因為2160 J＝100g×□°C×4.2，可計算出□°C＝約5.14°C。

如果這個實驗改用5Ω電熱線的話，會變怎樣呢？

⇒水溫上升幅度變為電熱線A的2倍（因為電流變為2倍）。

物理 7 電流在磁場中的受力

如圖設置永久磁鐵，並垂掛線圈，通過電流。

↓

磁鐵兩極之間的線圈部分，會沿著圖中「力的方向」移動。

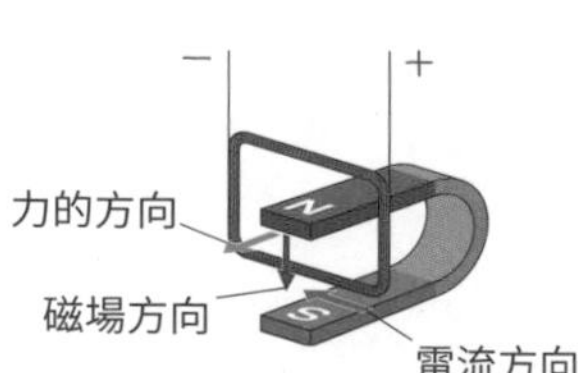

⚠ 線圈需使用漆包線（外層漆無法導電）。

⚠ 欲改變線圈圈數時，需使用不同長度的漆包線（為保持線圈電流大小相同）。

電流受外部磁場作用⇒需考慮「弗萊明左手定則」。
增加線圈圈數時，會發生什麼事？⇒線圈會朝相同方向大幅移動。
增加電流時，會發生什麼事？⇒線圈會朝相同方向大幅移動。
將永久磁鐵的S與N極倒轉時，會發生什麼事？⇒線圈會朝相反方向移動。
將電流方向反過來時，會發生什麼事？⇒線圈會朝相反方向移動。

物理 8 電磁感應

將線圈接上檢流計，再用棒狀磁鐵的N極靠近線圈、遠離線圈。

↓

磁鐵靠近線圈與遠離線圈時，產生的電流方向相反。

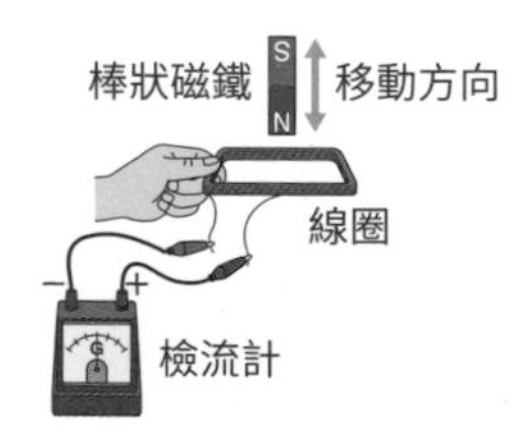

 磁鐵移動時，檢流計的指針也會移動。

⚠ 由檢流計的指針方向，可知電流的流向（由移動幅度，可知電流大小）。

電磁感應是什麼？⇒線圈內的磁場發生變化時，會使線圈產生感應電流。
磁鐵的N極靠近線圈時，會發生什麼事？⇒線圈的上方會成為N極。
磁鐵的N極遠離線圈時，會發生什麼事？⇒線圈的上方會成為S極。
磁鐵停止移動時，會發生什麼事？⇒感應電流消失。
磁鐵移動速度增加時，會發生什麼事？
⇒線圈內的磁場變化增大，感應電流增加。

物理 9 斜面上運動的物體

在平滑斜面上放置一物體。

↓

物體會進行等加速度運動。

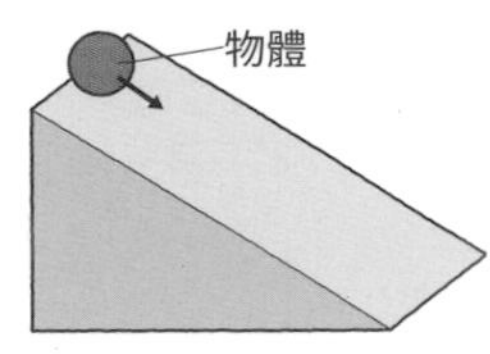

⚠ 平滑斜面→不考慮摩擦力。

⚠ 用打點計時器研究物體運動時，一開始的記錄結果需捨棄（因為點的間隔過小，無法記錄）。

物體受力時，會發生什麼事呢？⇒物體會沿著力的方向行加速度運動。

斜面上的物體為什麼會加速落下？

⇒因為作用在物體上的重力分力將物體沿著斜面往下拉。

當斜面的傾斜角度變大時，會發生什麼事呢？

⇒作用在物體上，沿著斜面往下的重力分力會變大，使加速度變大。

作用在平滑斜面上之物體的力量有哪些？⇒重力與正向力。

物理 10 力學能守恆

如圖所示，於平滑軌道的A點放開一物體。

↓

物體從軌道飛出（D點）後，物體抵達的最高點會比A點還要低。

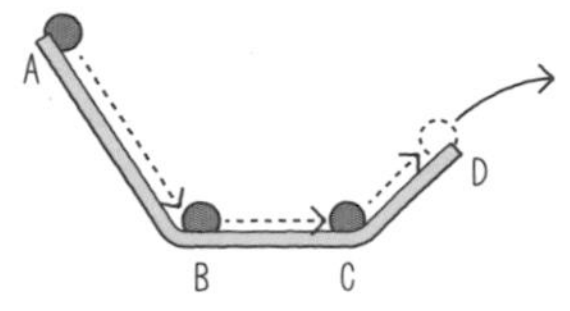

⚠ 放開物體→放開瞬間的速度為0 m/s。

⚠ 不考慮軌道的摩擦力與空氣阻力。

力學能守恆是什麼？⇒位能＋動能＝固定值。

什麼時候的速度最快？⇒物體抵達最低點時（B～C間）。

飛出軌道抵達最高點時的速度？⇒物體僅有水平方向的速度。

為什麼飛離軌道後抵達的最高點，位置比A點還要低？

⇒抵達最高點時，物體仍擁有動能。此時物體擁有多少動能，物體擁有的位能就少於一開始（A點）多少。

化學 1 密度的測定

於量筒裝入50.0㎤的水，將物體A沉入水中，水位增加至62.5㎤。另外，以電子秤測量物體A的質量，得到60.0g。

↓

物體A的密度為60.0g÷(62.5㎤－50.0㎤)＝4.8g/㎤。

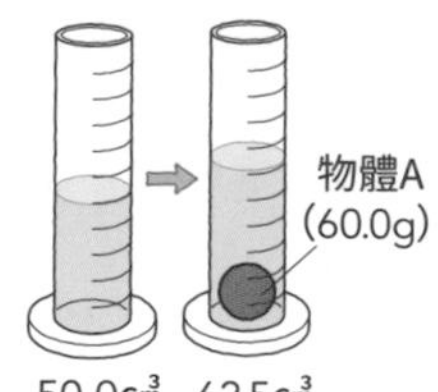

 讀取量筒刻度時，**需讀取液面水平處**。

▲ 讀取量筒刻度時，**需讀取至最小刻度的$\frac{1}{10}$**。

▲ 以電子秤測量粉末狀物質的質量時，需先放上秤量紙並歸零。

物體的密度〔g/㎤〕是指什麼？⇒每1㎤物體有幾g。即質量〔g〕÷體積〔㎤〕。

如何判斷物體種類？⇒測量物體的密度（不同物質的密度不同）。

密度比1g/㎤大的物體放入水中後會如何？⇒沉入水中。

密度比1g/㎤小的物體放入水中後會如何？⇒浮在水上。

化學 2 製備氣體

將石灰石放入錐形瓶A中，與稀鹽酸混合，將產生的氣體1通入石灰水。將鋁放入錐形瓶B中，與稀鹽酸混合，將火柴點火後，靠近產生的氣體2。

↓

氣體1會使石灰水變成白色混濁狀，氣體2會發出劇烈聲響並燃燒。

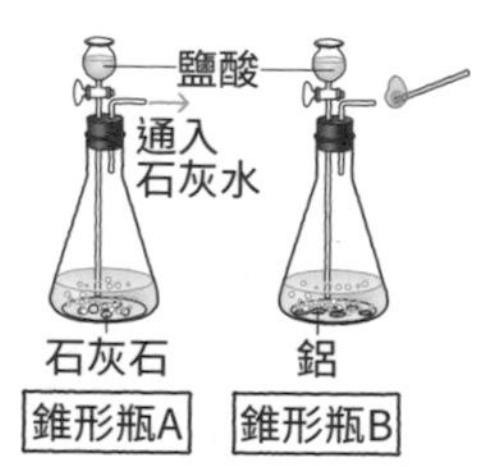

 一般會使用錐形瓶來製備氣體。

錐形瓶A內發生了什麼反應？⇒碳酸鈣＋氯化氫→二氧化碳＋水＋氯化鈣。

錐形瓶B內發生了什麼反應？⇒鋁＋氯化氫→氫氣＋氯化鋁。

二氧化碳、氫氣該如何收集？

⇒排水集氣法（二氧化碳可以使用向上排氣法）。

化學 3 物質的溶解・溶解度

將50g硝酸鉀溶入200g的60°C水中形成水溶液，接著使水溶液的溫度降至10°C。

↓

析出10 g的硝酸鉀。

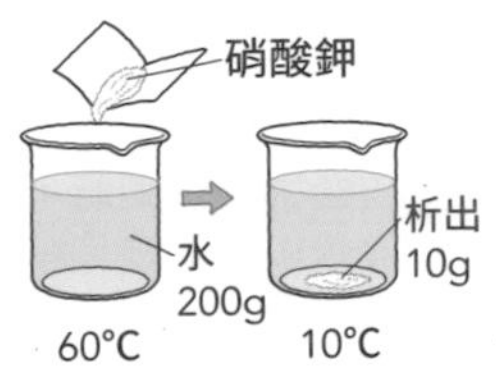

⚠ 液溫會逐漸下降。

⚠ 可用過濾方式取出溶液析出的物質。

溶解度是什麼？

⇒100g的水可溶解的溶質最大質量（會隨著物質種類、溫度而改變）。

硝酸鉀在10°C的溶解度是多少？⇒200g、10°C的水可溶解50g－10g＝40g的硝酸鉀，故溶解度40g×$\frac{100g}{200g}$＝20g。

不同溫度下的固態物質溶解度？

⇒一般來說，水溫愈高，溶解度愈高（例外：氫氧化鈣）。

不同溫度下的氣體溶解度？⇒水溫愈低，溶解度愈高。

化學 4 蒸餾

將乙醇與水的混合物放入有分支的燒瓶內，然後放入沸石加熱，收集冒出的蒸氣並冷卻成液體。

↓

一開始得到的液體含有大量乙醇，後來得到的液體則含有大量的水。

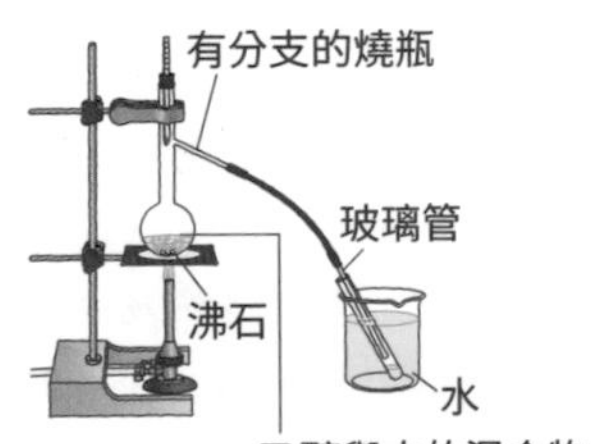

⚠ 加入沸石的目的是為了**防止突沸**。

⚠ 溫度計的下端，應位於燒瓶分支的高度。

蒸餾是什麼？⇒先讓液體沸騰，再將它的蒸氣冷卻凝結成液體的過程。

沸點與熔點分別是什麼？⇒液體轉變成氣體的溫度（沸騰的溫度）稱為沸點，固體轉變成液體的溫度（熔化的溫度）稱為熔點。

為什麼一開始得到的液體含有大量乙醇？

⇒因為乙醇的沸點約為78°C，水的沸點為100°C，乙醇會比較早沸騰。

化學 5　碳酸氫鈉的熱分解

加熱碳酸氫鈉。

↓

試管內殘留白色固體，並產生氣體，這些氣體會使石灰水變成白色混濁狀。受熱試管的末端會附著一些液體。

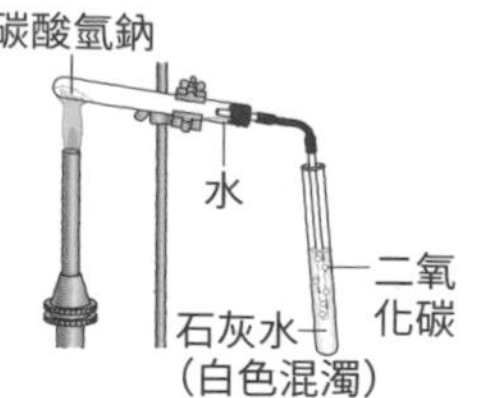

⚠ 為了**防止**產生的液體逆流，使**試管裂開**，加熱時，**試管口需稍微朝下**。

⚠ **為了防止石灰水逆流，停止加熱前需將玻璃管從石灰水中抽離**。

試管殘留的白色固體是什麼？⇒碳酸鈉(可溶於水，有強鹼性)。

產生的氣體是什麼？⇒可使石灰水轉變成白色混濁狀，所以是二氧化碳。

產生的水滴是什麼？

⇒以氯化亞鈷試紙碰觸後，會從藍色轉變成淡紅色，所以是水。

化學反應為何？⇒碳酸氫鈉(白色)→碳酸鈉(白色)＋水＋二氧化碳。

$$2NaHCO_3 \rightarrow Na_2CO_3 + H_2O + CO_2$$。

化學 6　水的電解

在水中溶入少量氫氧化鈉，並施加電壓。

↓

火柴點火後靠近陰極側收集的氣體，會發出聲音或是氣體產生火花。將點火的線香放入陽極側收集的氣體，會劇烈燃燒。且陰極側與陽極側收集到的氣體體積比為2：1。

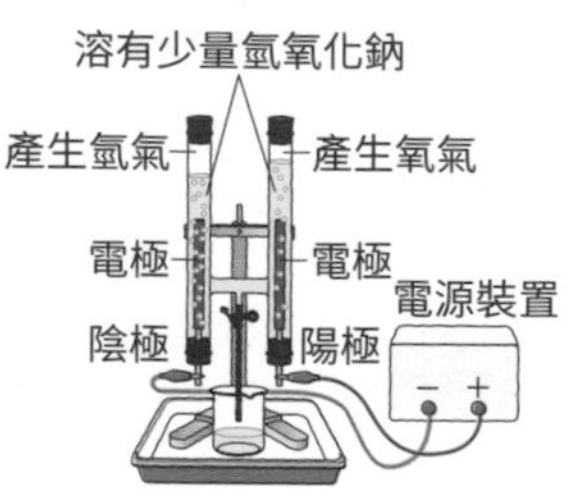

⚠ **為了讓水容易導電，需加入少量氫氧化鈉**(鹽酸會產生氯氣，故不能使用鹽酸)。

陰極側產生的氣體是什麼？⇒因為會燃燒，所以是氫氣。

陽極側產生的氣體是什麼？⇒因為會助燃，所以是氧氣。

產生的氫氣與氧氣體積比是多少？⇒2：1(質量比為1：8)。

化學反應為何？⇒水→氫氣＋氧氣。$2H_2O \rightarrow 2H_2 + O_2$。

化學 7 氧化與還原

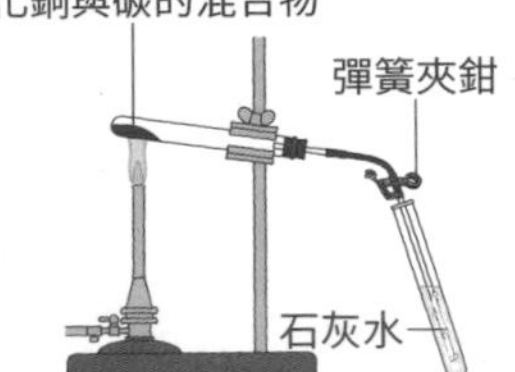

混合氧化銅與碳的粉末，在試管中加熱。

↓

產生氣體，試管內殘留紅色物質。將氣體通入石灰水，會使石灰水變成白色混濁狀。

⚠ **為了防止石灰水逆流，停止加熱前需將玻璃管從石灰水中抽離。**

⚠ **為防止試管內的殘留物質與空氣中的氧氣結合，加熱結束後需用彈簧夾鉗封住橡皮管。**

試管內殘留的紅色固體是什麼物質？⇒用藥勺摩擦後會顯現出光澤，所以是銅。

產生的氣體是什麼物質？

⇒這個氣體會讓石灰水變得白色混濁，所以是二氧化碳。

化學反應式為何？⇒氧化銅＋碳→銅＋二氧化碳。$2CuO + C \rightarrow 2Cu + CO_2$。

這個反應中，哪個物質被氧化，哪個物質被還原？

⇒被氧化的物質：碳，被還原的物質：氧化銅。

化學 8 鹽酸的電解

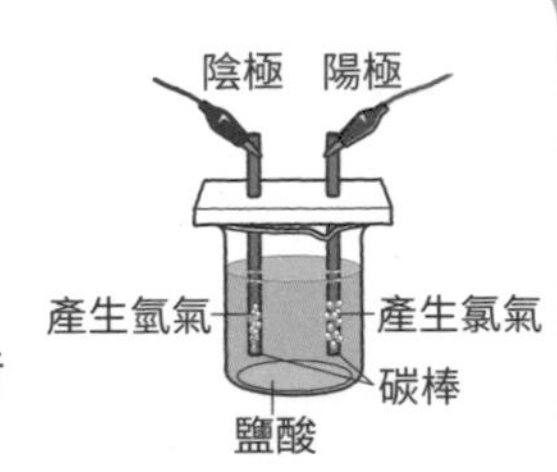

將兩個碳電極插入鹽酸中通電。

↓

陽極側產生的氣體有臭味，呈黃綠色。

火柴棒點火後，靠近陰極側產生的氣體，會發出聲音或是氣體產生火花。

陽極側收集到的氣體比陰極側收集到的氣體還要少。

⚠ **電極需使用碳棒、鉑棒等不會產生反應的物質。電源的正極為陽極，負極為陰極。**

陽極產生的氣體是什麼物質？→有刺激性臭味的黃綠色氣體，所以是氯氣。

陰極產生的氣體是什麼物質？⇒會燃燒，所以是氫氣。

生成的氯氣與氫氣體積比為何？⇒1：1。

化學反應式為何？⇒鹽酸→氯氣＋氫氣。$2HCl \rightarrow Cl_2 + H_2$。

為什麼陽極側收集到的氣體比較少？⇒因為氯氣會溶於水中。

化學 9 化學電池

將鋅棒與銅棒插入硫酸水溶液，以導線相連，並接上一個燈泡。

可以看到燈泡被點亮、鋅棒溶解、銅棒表面產生氣體。火柴點火後靠近生成的氣體時，氣體會發出聲響或產生火花。

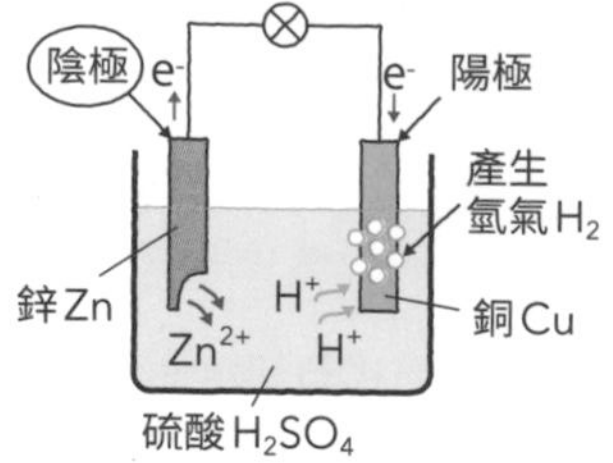

⚠ 製作化學電池時，需使用鋅與銅等離子化難度不同的物質做為電極。

⚠ 化學電池中使用的液體是電解質水溶液。

鋅（陰極）的反應為何？

⇒1個鋅原子釋放出2個電子，成為鋅離子（Zn^{2+}）。

銅（陽極）的反應為何？

⇒2個氫離子（H^+）分別接受1個電子，成為氫氣 H_2。

化學電池是什麼？⇒可將物質的化學能轉換成電能的電池。

化學 10 酸與鹼・中和

於三個燒杯分別加入一定濃度的10ml鹽酸，然後於這三個燒杯分別加入5ml、10ml、15ml相同濃度的氫氧化鈉水溶液（設三燒杯分別為A、B、C）。接著，於各燒杯分別加入溴瑞香草酚藍溶液。

↓

只有B的溶液仍保持綠色。

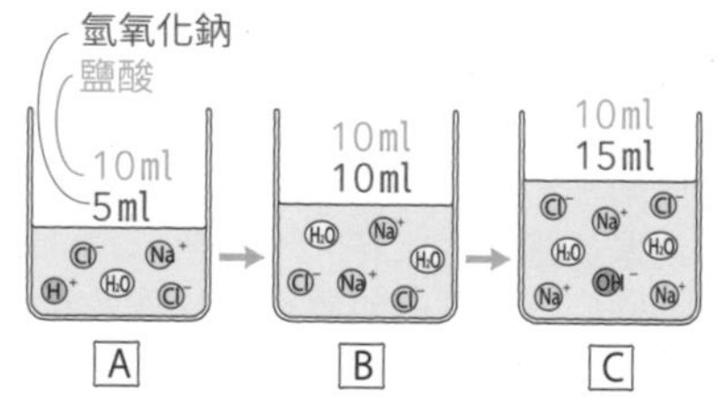

⚠ 這裡需使用調製成綠色的溴瑞香草酚藍溶液。

A與C溶液的顏色為何？⇒A為黃色、C為藍色。

A溶液內有哪些離子？⇒氯離子、鈉離子、氫離子。

B溶液內有哪些離子？⇒氯離子、鈉離子。

C溶液內有哪些離子？⇒氯離子、鈉離子、氫氧根離子。

地球科學 1 岩石的觀察

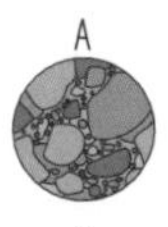

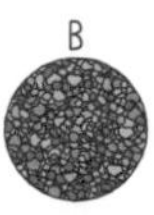

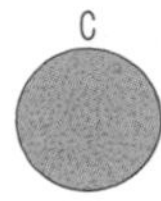

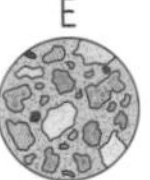

用放大鏡觀察於某地採集到的五種岩石A～E。

↓

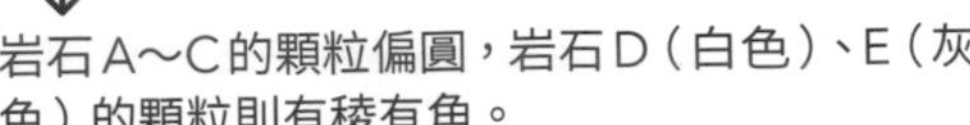

岩石A～C的顆粒偏圓，岩石D（白色）、E（灰色）的顆粒則有稜有角。

⚠ 觀察岩石時，可使用放大鏡或雙筒立體顯微鏡。

A～C分別是什麼岩石？⇒A為礫岩、B為砂岩、C為泥岩。

為什麼岩石A～C的顆粒偏圓？

⇒因為構成岩石的礫石、沙、泥土受到水流的作用而被磨圓。

D、E分別是什麼岩石？⇒D為花崗岩、E為安山岩。

D、E的岩石形成方式有什麼差異？

⇒D為岩漿在地下深處緩慢冷卻後形成的岩石，E則是在地表附近急速冷卻形成的岩石。

地球科學 2 地震

查詢某地發生之地震的資料，包括觀測點A～C與震源間的距離，以及P波、S波的抵達時間。

↓

結果可畫成右表。

	震源距離	P波抵達時間	S波抵達時間
A	120km	12:02:15	12:02:30
B	240km	12:02:30	12:03:00
C	360km	X	Y

⚠ 距離震源最近的地震儀觀測到P波時，會傳送訊號至中央氣象署，再由氣象署發出「地震速報」。

P波的傳播速度為何？⇒(240 km－120 km)÷15s＝8 km/s。

S波的傳播速度為何？⇒(240 km－120 km)÷30s＝4 km/s。

從P波抵達的時間點到S波抵達的時間點，這段時間叫做什麼？

⇒初期震動持續時間。它與震源距離（大致上）成正比。

地點C的時間X與Y分別是多少？⇒X為12:02:45，Y為12:03:30。

該地震的發生時間為何？⇒12:02:15－15s＝12:02:00。

地球科學 3 地層的觀察①

某地區兩地點P、Q的地層如右圖。

↓

P的砂層有蛤蜊的化石，Q則有火山灰層。

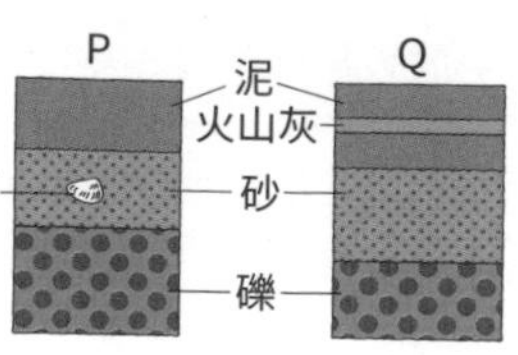

⚠ 觀察露頭等地層的狀況時，需注意落石。

蛤蜊的化石可以告訴我們什麼？⇒告訴我們這個地層是在淺海堆積形成。
火山灰地層可以告訴我們什麼？⇒告訴我們過去這裡曾有火山活動。
地層形成時，這個地區的海平面變化為何？
⇒海平面逐漸上升（因為愈上方的地層，顆粒愈小）。

地球科學 4 地層的觀察②

某地點A（海拔100m）與地點A正西方200m處的地點B（海拔110m），底下的地層如右圖。

↓

可以看到同一個年代形成的火山灰層。

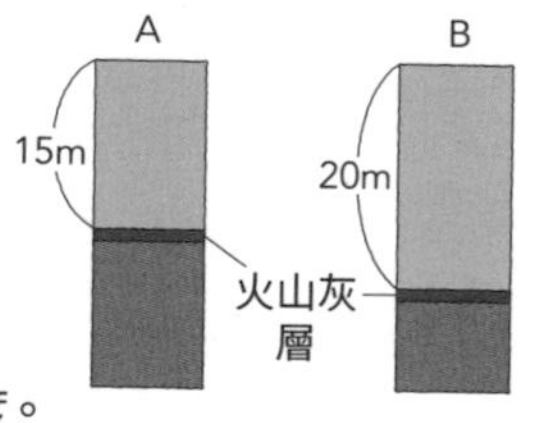

 計算地層的傾斜度時，需考慮到各地點的海拔高度。

像火山灰層這種可做為坡度基準的地層，叫做什麼？⇒標誌層。
往地下挖掘，調查地層狀況的動作，叫做什麼？⇒鑽探調查。
這個地區的地層傾斜程度為何？
⇒位於西方200m處的地層高了5m。
(110m－20m)－(100m－15m)＝5m

地球科學 5 濕度的測定

於氣溫20°C時，將水倒入金屬容器，然後將冰塊慢慢加入容器，一邊混合一邊用溫度計測水溫。

↓

當水溫低到5°C時，容器表面開始產生小水滴。已知20°C空氣的飽和水蒸氣量為17.3g/㎥，5°C空氣的飽和水蒸氣量為6.8g/㎥。

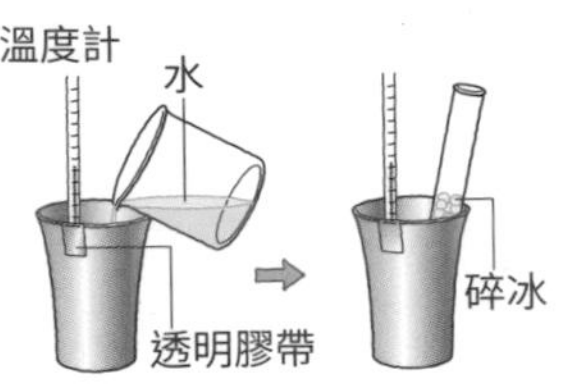

⚠ 為方便確認容器表面是否產生小水滴，可在容器上貼透明膠帶。

飽和水蒸氣量是什麼？⇒1㎥空氣中可容納的水蒸氣最大值〔g/㎥〕。

飽和水蒸氣量與氣溫有什麼關係？⇒氣溫愈高，飽和水蒸氣量也愈多。

濕度的計算公式為何？

⇒濕度〔%〕＝ （此氣溫的1㎥空氣實際含有的水蒸氣量〔g/㎥〕）/（此氣溫下的飽和水蒸氣量〔g/㎥〕） ×100〔%〕

本實驗中的空氣濕度為何？⇒6.8/17.3×100≒39.3%

地球科學 6 風的吹向實驗

將裝有沙子與裝有水的容器放入水槽，並將點燃的線香置於兩容器之間。使燈泡的光充分照到沙子與水，然後觀察煙的飄動。

↓

沙子上方的煙會往上飄，水上方的煙則會往下沉。

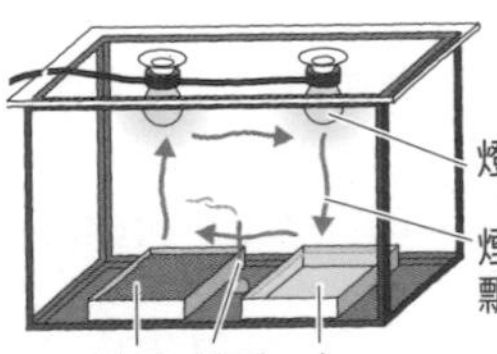

 注意容器附近的煙在水平方向上的飄動（相當於風）。

沙子與水哪個比較容易加熱？⇒固態的沙比較容易加熱。

煙在水平方向上如何飄動？⇒在容器附近的飄動方向為水→沙。

白天的風會怎麼吹？

⇒固態的陸地比較容易加熱，所以風會從海上往陸地吹（海風）。

晚上的風會怎麼吹？

⇒固態的陸地比較容易降溫，所以風會從陸地往海上吹（陸風）。

地球科學 7 季節與天氣

為說明冬季與夏季的天氣特徵，右方列出日本代表性的冬季天氣圖與夏季天氣圖（圖1與圖2）。

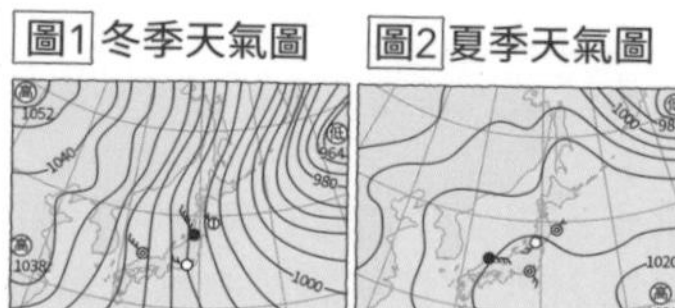

冬季天氣圖中，西方有強烈高氣壓，等壓線，為南北走向而且密集。夏季天氣圖中，南方可以看到強烈高氣壓。

⚠ 等壓線愈密集，表示壓差愈大，風愈強；等壓線愈稀疏，表示壓差愈小，風愈弱。

日本冬季與夏季的季風為何？⇒冬季為西北季風、夏季為東南季風。
臺灣冬季與夏季的季風為何？⇒冬季為東北季風、夏季為西南季風。

地球科學 8 觀察星星的運動

某天深夜11點，在日本某處觀察北方天空，看到星星X位於圖ㄆ的位置。經過三個月後的晚上9點，在同一個地方看天空尋找星星X的位置。

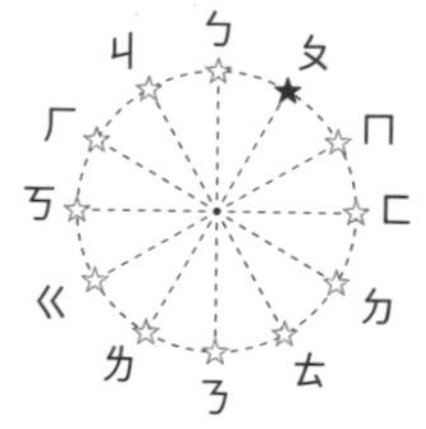

於圖中ㄐ的位置觀察到星星X。

⚠ 北方星空會以北極星為中心逆時鐘旋轉，行周日運動與周年運動。

星星的周日運動為何？
⇒星星每過一小時，會由東往西移動15°（因為地球的自轉）。
星星的周年運動為何？
⇒星星每過一個月，會由東往西移動30°（因為地球的公轉）。
如何計算出觀察結果？⇒周日運動造成的角度移動為15°×2小時＝30°（順時鐘）。周年運動造成的角度移動為30°×3個月＝90°（逆時鐘）。所以原本在圖中ㄆ位置的星星，會逆時鐘旋轉了90°－30°＝60°，即ㄐ位置。

地球科學 9 觀察月球

在日本某處，固定於深夜0時觀察月亮，連續觀察數天。

↓

第一天可以在西方天空看到上弦月，一天天過去，月亮會依照西方天空→南方天空→東方天空的順序改變位置。滿月時，深夜0時的月亮位於南方天空。滿月之後，月亮的西側（右側）會逐漸虧缺。

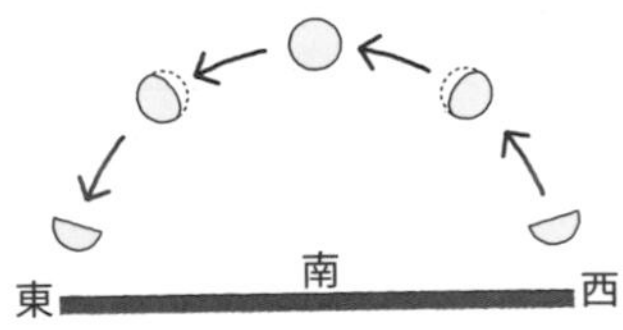

⚠ 月球是繞著地球公轉的衛星，地球上只能看到月球被太陽照到的部分。

月球的公轉週期與自轉週期分別是多少？⇒兩者皆約27.3日，方向相同。
月球的盈虧週期為何？⇒約29.5日。
月亮的中天時間如何變化？⇒每天會晚50分鐘。

地球科學 10 觀察金星

某天傍晚，在西方天空觀察到了金星。另一天黎明，在東方天空觀察到了金星。

↓

傍晚觀察到的金星，缺的是左側；黎明觀察到的金星，缺的是右側。

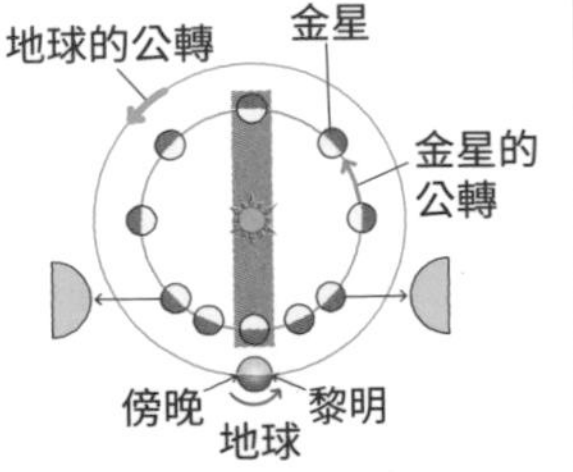

 金星的公轉軌道在地球內側，屬於內側行星（公轉軌道最內側的行星是水星），所以無法在深夜時觀測到金星。

金星發亮的原因？⇒反射太陽的光線使地球上的人看到。
水星、金星、地球、火星合稱什麼？⇒類地行星（密度較大）。
木星、土星、天王星、海王星合稱什麼？⇒類木行星（密度較小）。

生物 1 顯微鏡的使用方式

用顯微鏡觀察水中浮游生物時，目標在視野右上方，欲將目標移到視野中央。

↓

將載玻片往右上方移動，就能讓目標物移動到視野中央。

⚠ 用蓋玻片蓋住載玻片時，注意不要讓氣泡跑進去。

⚠ 顯微鏡需存放在不會直射日光的地方。

顯微鏡的畫面方向有何特殊之處？⇒顯微鏡的畫面為上下顛倒、左右相反。
顯微鏡的放大倍率為何？⇒目鏡倍率 × 物鏡倍率(長度的放大倍率)。
提高顯微鏡倍率後，視野的亮度會如何改變？⇒視野變得狹窄，亮度變暗。

生物 2 花的結構

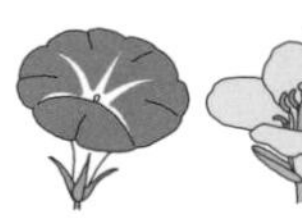

觀察牽牛花與油菜花的結構。

牽牛花與油菜花的花都擁有「雌蕊」、「雄蕊」、「花瓣」、「花萼」等結構。油菜花的四枚花瓣基部彼此分離，牽牛花的五枚花瓣基部彼此相連。

⚠ 從花的外側往內側逐漸剝離各個結構(依照花萼、花瓣、雄蕊、雌蕊的順序)。

⚠ 用放大鏡觀察細節部分(移動結構，不要移動放大鏡)。

油菜花是離瓣花還是合瓣花？⇒花瓣基部彼此分離，所以是離瓣花。
牽牛花是離瓣花還是合瓣花？⇒花瓣基部彼此相連，所以是合瓣花。
油菜花、牽牛花的雌蕊有什麼功能？⇒受粉後會產生種子。
油菜花、牽牛花的雄蕊有什麼功能？⇒製造花粉。
還有哪些離瓣花？⇒櫻花、豌豆花等。
還有哪些合瓣花？⇒杜鵑花、南瓜花、蒲公英等。

生物 3 莖的結構

將鳳仙花靜置於紅色的水中，然後用顯微鏡觀察莖的剖面。

↓

如圖所示，有一部份被染成了紅色。

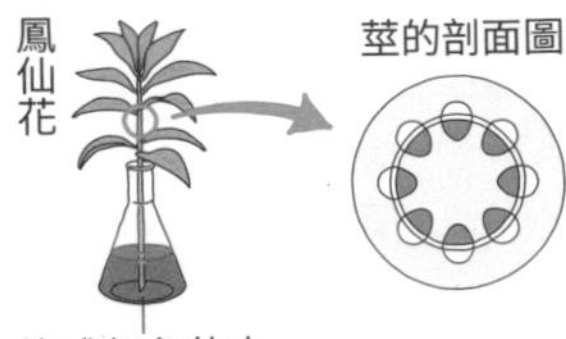

⚠ 約靜置30分～1小時。

⚠ 以顯微鏡觀察時，需用美工刀將莖切得像紙一樣薄。

剖面中被染成紅色的部分為何？⇒導管（將根吸收的水分送至全身的通道）。
未被染色的外側部分為何？⇒篩管（將葉製造的養分送至全身的通道）。
導管與篩管之間，細胞分裂旺盛的部分為何？⇒形成層。
導管與篩管合稱為什麼？⇒維管束。
雙子葉類的維管束有什麼特徵？⇒形成層在中間，內側為導管，外側為篩管。

生物 4 蒸散作用

對相同物種、相同大小的植物，以表中A～C的方式加工，然後放入含水試管中靜置1小時，觀察水的減少量。

↓

將凡士林塗在葉的背面時，水的減少量最少。

試管	加工方式	水減少量
A	不加工	12ml
B	在葉的正面塗上凡士林	9ml
C	在葉的背面塗上凡士林	4ml

 塗上凡士林，會**塞住葉的氣孔**。

⚠ 為了防止試管內的水從水面蒸發，需以油覆蓋。

植物從氣孔蒸散水蒸氣的作用為何？⇒蒸散作用。
蒸散作用在何時會特別活躍？⇒氣溫高、濕度低、通風良好時，蒸散作用較活躍。
哪裡的氣孔數較多？
⇒由蒸散量的結果可以知道，葉的背面氣孔較多（以這個植物而言）。
葉背面蒸散量的計算方式為何？⇒12ml－4ml＝8ml（每小時）。

生物 5 光合作用的實驗

準備一片含有淺色斑塊的牽牛花葉，用鋁箔蓋住一部分綠葉，然後給予整片葉子充足光照，再用碘液檢測是否含澱粉。

葉子未被蓋住的的綠色部分，有行光合作用，會轉變成藍紫色。

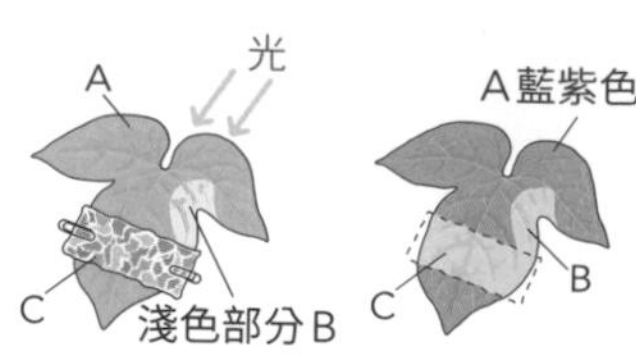

⚠ 在照光前，先將植株放入暗室一陣子（先清空葉子內的澱粉）。

⚠ 滴上碘液前，需先放入隔水加熱的酒精中使其褪色（直接用酒精加熱的話可能會點燃）。

由圖中A與B的結果可以知道什麼？⇒植物靠葉綠體行光合作用。
由圖中A與C的結果可以知道什麼？⇒光合作用需要光。
光合作用的反應式為何？⇒二氧化碳＋水→氧氣＋養分。

生物 6 唾液的實驗

準備6個試管，分別加入10ml的澱粉水溶液，標上A～F，再依照右表加入各種成分。

加入碘液的試管中，C與E轉變成了藍紫色。
加入本氏液的試管中，僅B轉變成了紅褐色。

A	加入唾液後維持36°C→碘液
B	加入唾液後維持36°C→本氏液
C	加入水後維持36°C→碘液
D	加入水後維持36°C→本氏液
E	加入唾液後維持98°C→碘液
F	加入唾液後維持98°C→本氏液

⚠ 碘液原本是黃褐色，與澱粉反應後會變成藍紫色。

⚠ 本氏液原本是藍色，與含糖液體混合加熱後會變成紅褐色。

由A與C的結果可以知道什麼？⇒唾液可將澱粉轉變成其他物質。
由A與E的結果可以知道什麼？⇒若溫度過高，唾液會失去效果。
由B與D的結果可以知道什麼？⇒唾液可將澱粉轉變成糖。

生物 7 呼氣與吸氣

A同學吸入與吐出的氣體中，氧氣與二氧化碳的比例如右表。已知A同學一次呼吸中，進出的氣體體積為500ml。

↓

可以知道A同學每次呼吸時，會有500ml ×(21－16)/100＝25ml的氧氣進入體內。

	氧氣	二氧化碳
吸氣	21%	0.04%
呼氣	16%	5%

⚠ 我們可以用氣體檢知管，得知氧氣與二氧化碳的比例。

⚠ 氧氣用的氣體檢知管於操作時溫度會升高，請特別注意。

為什麼吸入與吐出氣體的氧氣比例不同？⇒因為身體會藉由呼吸攝取氧氣。
每次呼吸時，A同學會攝取到多少氧氣？⇒500ml ×(21－16)/100＝25ml。
呼吸時，物質的反應為何？⇒葡萄糖＋氧氣→二氧化碳＋水＋能量。
哪些氣體在吐出氣體中的含量比吸入氣體高？⇒二氧化碳與水蒸氣。

生物 8 刺激與反應的實驗

如圖所示，10個人圍成一圈，牽手相連。第一個人右手按下碼表，同時左手握住下一個人的右手，下一個人再握下下個人的右手，依此類推，順時針方向進行。第一個人按完碼表後，將碼表拿到左手，當他的右手也被別人握到時，停止碼表，記錄經過了多少時間。

↓

花費時間為2.6秒。

⚠ 為了提升測量的精準度，需做多次相同測定，再取平均值。

這個實驗測定的是哪種感覺器官？⇒皮膚。
每個人接收到刺激時，需要的反應時間是多少？⇒2.6秒÷10＝0.26秒。
從刺激到產生反應的途徑為何？⇒皮膚→脊髓→大腦→脊髓→肌肉。
脊髓與大腦又合稱為什麼？⇒中樞神經。

生物 9 觀察體細胞分裂

想要觀察洋蔥根部尖端的細胞時，需將根的尖端浸泡在乙醇中，再浸泡在鹽酸中加熱，然後放在載玻片上，用解剖針輕輕撕開。加入染劑後，蓋上蓋玻片，用濾紙從上方輕壓，吸取多餘染劑，然後放到顯微鏡底下觀察。

↓

觀察到的細胞分裂過程如圖所示。

⚠ 在實驗中用的染劑可使用醋酸洋紅、醋酸地衣紅等。

為什麼實驗中要浸泡鹽酸？⇒為了讓細胞易於分離。
為什麼要用濾紙從上方輕壓？⇒使細胞層均勻展開，減少重疊，以便觀察。
被染色劑染成紅色的部分為何？⇒細胞核。

生物 10 遺傳定律

純品系圓皮種子豌豆，與純品系皺皮種子豌豆雜交，得到的子代自花授粉，觀察孫代（第二子代）種子的狀況。

↓

孫代種子中，約有2000個皺皮種子。

 自花授粉指的是將花粉沾上同一朵花的柱頭。

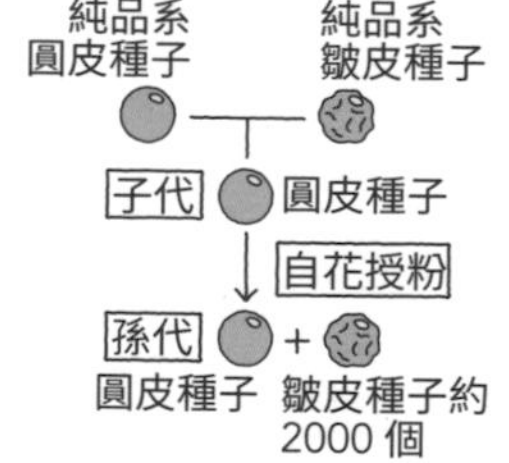

減數分裂是什麼？⇒製造生殖細胞時，染色體條數減半的分裂。
顯性原則為何？⇒一對等位基因中，顯性基因的性狀會表現出來（以豌豆為例，「圓皮A」為顯性，「皺皮a」為隱性）。
孫代的圓皮種子數是多少？⇒將兩個Aa豌豆雜交，得到的下一代為AA（圓皮）：Aa（圓皮）：aa（皺皮）＝1：2：1，所以圓皮種子數約為2000×3＝6000個。

名詞解釋索引

光的反射……16、197
光照射到鏡子或水面後，會依照反射定律反射回來的現象。

光的折射……18、197
光從一種透明物質進入另一種透明物質時，在交界面改變路徑的現象。

光的直線傳播……14
光會直線前進的現象。光的傳播速度依序為真空中＞空氣中＞水中＞玻璃中。

光的速度（光速）……14、18、22
真空中的光速約為30萬km/s。

光軸……20
穿過透鏡中心和焦點的直線。

合力……50
兩個以上的力合成一個力。

地軸……140、142
通過地球中心，連接南北極的線。

地震規模……117、118
用來表示地震能量大小的數值。

多細胞生物……183、184
身體由多個細胞構成的生物。

安培右手定則……44
判定電流所產生的磁場之方向的定則。

有性生殖……190
需有雄配子、雌配子結合的繁殖方式。

有機物……60、192、194
含有碳與氫，燃燒後會產生二氧化碳與水的物質。

自轉（地球）……140
以地軸為轉軸，由西向東旋轉，一天轉一圈。

血小板……174
血液中的固態成分之一，可凝結血液。

血漿……174
血液中的液態成分，可運送養分與廢物。

西伯利亞氣團……132、134
冬季於歐亞大陸發展的乾冷氣團。

七～八畫

位能……58、201
物體的高度改變時所具有的能量。

低氣壓……130
氣壓比周圍低的地帶，會產生上升氣流。

作用力與反作用力定律……56
兩個物體互相施力時，物體受力的方向相反，大小相同。

冷鋒……132
冷氣團往暖氣團推進的鋒面。

吸熱反應……88
從周圍吸收熱量的化學反應。

尿素……175、176
對人體有害的氨，經過肝臟轉換成對人體較無害的尿素。

沉降……114
陸地下沉。

沉積作用……110
流水運送砂土到下游堆積的作用。

沉積岩……112
礫石、砂、黏土、生物遺骸、火山灰等，經過長久時間壓密固化而成的岩石。

沖積扇……109、110
河川從山地流至平地時，攜帶的砂石沉積下來，堆積成的扇狀地形。

肝臟……170、176
能將氨轉變成尿素，還可製造膽汁。

兩生類……162、164、186
屬於脊椎動物，幼體於水中生活，成體於水邊生活。

周日運動……140、210
因為地球的自轉，使天體看似由東往西繞著地球每天轉動一圈的現象。

九～十畫

風力……138
風的強度，可分為0～12共13級。

食物鏈……192
自然界生物之間，捕食與被捕食的關係。

原子……75、76、78、90
物質的基本組成，化學變化中不可分割的粒子。

原子核……76、90
位於原子中心，由帶正電的質子與帶負電的中子構成。

哺乳類……162、164、186
屬於脊椎動物，在陸地上生活，體表覆蓋著毛髮，用肺呼吸，為胎生動物。

氣孔……166、168、213
保衛細胞之間構成的開口，植物用來交換氣體的部位。

氧化……82、84、205
物質與氧結合的化學反應。

氧化物……82、84
氧化後形成的物質。

浮石……106
固態的火山噴發物，有許多小洞的石頭。

海岸階地……110
侵蝕與隆起反覆作用，使海岸形成階梯狀地形。

海洋板塊……122
海洋底下的板塊。臺灣位於菲律賓海板塊之上。

海溝……122
海洋板塊隱沒到大陸板塊下方時，交界處會形成海溝。

消化液……170
消化器官分泌的液體，可分解食物內的養分。

消化酵素……170
消化液內含的蛋白質，用於分解養分。

消費者……192、194
透過食用其他生物來攝取有機物的生物，如草食動物與肉食動物。

純物質……78
具有固定成分和特定化學性質的物質，包含元素和化合物。

脊椎動物……162、164
有內骨骼(有脊椎骨）的動物。

臭氧層……196
大氣層中的一層，可吸收對生物有害的紫外線。

高氣壓……130、210
氣壓比周圍高的地帶，會產生下沉氣流。

十一～十二畫

乾濕計……124
測定濕度的裝置。讀取乾球溫度計與濕球溫度計所顯示的溫度後，可經由濕度表求出濕度。

動能……58、201
運動中的物體具有的能量。

動脈……174
帶血液離開心臟的血管。

密度……62、202
物體在每單位體積下的質量。

深成岩……108
岩漿在地下深處緩慢冷卻後形成的岩石。

混合物……72、78、203
兩種以上的純物質混合而成的物質。

被子植物……152、154
胚珠外有子房包圍的植物。

酚酞……98
一種指示劑，遇酸性與中性時呈無色，鹼性時呈紅色。

陰離子……90、92
原子獲得新的電子後，形成的帶負電荷粒子。

十三～十四畫

十五畫以上

熱分解……74、204
物質經加熱後產生的分解反應。

熱量……38、199
物質發生溫度變化時轉變的能量，單位為焦耳〔J〕或〔cal〕等。

質量守恆定律……86
化學變化前後，物質總質量不會改變。

鋒面……132
兩種不同氣團相遇時的交界面。

震央……118
震源正上方的地表位置。

震度……118
地震時，觀測點感受到的搖動程度。

震源……118、120、122、207
地底下引發地震的位置。

凝灰岩……112
火山灰壓密固化後形成的岩石。

凝結……70
物質由氣態轉變成液態的過程。

導管（植物）……166、213
植物輸送水分與無機鹽類的管道。

篩管……166、213
植物輸送養分的管道。

靜脈……174
帶血液流向心臟的血管。

靜電……42
物體彼此摩擦後產生的電。

頻率（Hz）……26、198
聲音在1秒內的振動次數。

營養器官繁殖……188
植物用根、莖、葉繁殖下一代的生殖方式，屬於無性生殖。

燧石……112
含有矽成分的岩石，或由矽藻遺骸等沉積物堆積形成。

聲音的反射……24
聲波遇到障礙物會反射的性質，譬如山谷的回音。

褶皺……114
地層經過擠壓變形成彎曲狀。

還原……84、205
氧化物的氧被搶走的化學反應。

隱性……190、216
隱性基因（a）的遺傳特徵，只有在同基因型（aa）的個體身上才會表現出來。

斷層……114
來自左右方向的劇烈力量擠壓地層，使地層產生錯位的區域。

雙子葉類……152
被子植物中，擁有兩枚子葉的物種。

礦物……108
地質作用下形成的結晶。

礫岩……112、207
礫石壓密固化而形成的岩石。

露點……124、126
空氣中的水蒸氣開始凝結成水滴的溫度。

變溫動物……164
體溫會隨環境氣溫而改變的動物。

顯性……190、216
顯性基因（A）的遺傳特徵，在同基因型（AA）和異基因型（Aa）的個體身上，都會表現出來。

細胞分裂……184、186、216
構成身體的一般細胞所進行的分裂，可增加細胞數目。

鹽類……102、104
通常是金屬離子與非金屬離子結合的化合物。中和反應之後會產生水和鹽類。

一本讀懂國中自然 知道為什麼？之後，就永遠記得答案！

作　　者　佐川大三
譯　　者　陳朕疆
責任編輯　許雅筑
設計與排版　丸同連合

快樂文化
總 編 輯　馮季眉 •主編　許雅筑
FB粉絲團　https://www.facebook.com/Happyhappybooks/

出　　版　快樂文化／遠足文化事業股份有限公司
發　　行　遠足文化事業股份有限公司（讀書共和國出版集團）
地　　址　231新北市新店區民權路108-2號9樓
電　　話　(02) 2218-1417　•傳真　(02) 2218-1142
網　　址　www.bookrep.com.tw　•信箱　service@bookrep.com.tw
法律顧問　華洋法律事務所蘇文生律師

印　　刷　凱林彩印股份有限公司
初版1刷　2024年4月 •初版2刷　2024年7月

定　　價　450元 •ISBN　978-626-98043-7-5（平裝） •書號　1RDC0012

國家圖書館出版品預行編目（CIP）資料

一本讀懂國中自然／佐川大三著；陳朕疆譯.－初版.－新北市：快樂文化出版：遠足文化事業股份有限公司發行，
2024.04，　面；15×21公分
ISBN 978-626-98043-7-5（平裝）
1.CST：自然科　2.CST：中等教育
524.46　113002866